monumental y turística

Dirección editorial:
Raquel López Varela

Coordinación editorial:
Aizkorri argitaletxea

Texto:
Almudena Toribio Rey

Fotografías:
Mikel Alonso
con la colaboración de Diego Izquierdo
excepto página 109 foto cedida por la Comisión Gestora Zorrotzaurre

Diseño de colección:
Luis Alonso

Traducción al euskara:
Maialen Oliveri Korta/HITZURUN

Traducción al inglés: EURO:TEXT

Diagramación:
Luis Alonso

Tratamiento digital de imágenes:
David Aller

2ª edición actualizada

Carretera León-La Coruña, km 5 – LEÓN
ISBN: 978-441-3033-0
Depósito legal: LE. 423-2012
Printed in Spain – Impreso en España

EDITORIAL EVERGRÁFICAS, S. L.
Carretera León-La Coruña, km 5
LEÓN (España)
www.everest.es
Atención al cliente: 902 123 400

monumental y turística

fotografías **argazkiak** photographs: Mikel Alonso
textos **testuak** texts: Almudena Toribio

BIL

Hay momentos en la historia de una ciudad y en la vida de sus gentes trascendentales en su desarrollo y configuración. Pero esos grandes momentos no siempre son percibidos por los sentidos o el alma de las personas que tienen el privilegio de poder vivirlos. La cercanía del momento hace que la realidad no siempre se deje ver. Hace falta que pasen los años y se consoliden los logros de esas épocas para que puedan ser juzgados con la justicia que se merecen.

En la historia de Bilbao existen al menos tres grandes hitos como los antes citados. El primero tiene fecha concreta y hay que situarlo en sus orígenes, el 15 de junio de 1300, cuando el Señor de Vizcaya don Diego López de Haro funda la villa de Bilbao mediante carta puebla. A partir de ahí, Bilbao queda dotada de territorio, derechos y privilegios que no serán desaprovechados por su pueblo y sus dirigentes y que constituyeron el punto de arranque de una realidad que llega hasta hoy. El desarrollo del comercio, marítimo y terrestre, así como la consolidación de otro tipo de actividades económicas, paralelas al desarrollo social, hicieron que Bilbao pronto despuntara dentro del territorio hasta convertirse en el núcleo más destacado de Bizkaia.

Pero ese despunte económico llegará con el devenir del tiempo a su máximo esplendor en las últimas décadas del siglo XIX y primeras del XX cuando, tras siglos de avance y crisis, de paz y también guerras, se alcanza el segundo gran momento de Bilbao. Es en esta época cuando la estructura económica, urbana y social de la villa se transforma en la de una gran ciudad, cuando se sientan las bases industriales y comerciales del Bilbao que adquiere fama y un puesto destacado en las rutas económicas nacionales e internacionales.

Arrastrados por el motor de una próspera actividad minera se desarrollan otros sectores económicos: industria siderúrgica, producción naval, ferrocarriles, el comercio marítimo o el surgimiento de nuevas entidades bancarias y bursátiles. Fruto de este momento, y verdaderos protagonistas de esta revolución, fueron entidades como los Altos Hornos de Bilbao primero y más tarde los de Vizcaya; compañías constructoras de buques como los Astilleros del Nervión, Euskalduna y la Naval; el Banco de Bilbao y el Banco de Vizcaya; la Bolsa de Bilbao; la Cámara de Comercio, Industria y Navegación... Y una larga lista de instituciones e infraestructuras como el Puerto de Bilbao o las líneas de ferrocarriles que tejieron la red sobre la que se configuró la realidad que casi todo el mundo ha conocido.

Y junto a la expansión económica vino la territorial, iniciada a finales del siglo XIX y continuada durante el XX. La nueva situación de desarrollo económico se ahogaba en el territorio en que se movía y pronto exigió más espacio. Por ello, fueron necesarias las anexiones de las anteiglesias colindantes de Abando, Begoña y Deusto donde se empezaron a situar los nuevos centros urbanos y sociales como el ensanche de la villa en Abando; los bellos chalés del Campo Volantín, viviendas de la emergente burguesía; o la Universidad de Deusto.

Gran parte del Bilbao que se observa en la actualidad es heredera de este momento histórico y, por tanto, muchos de los edificios que se pueden contemplar en los paseos por la ciudad tienen su origen aquí. Así, tenemos notables ejemplos en el Ensanche de Abando, que se sitúan en torno a la Gran Vía y sus calles aledañas; la sede de la Sociedad Bilbaína; la Casa Consistorial o Ayuntamiento; el Hospital de Basurto y el edificio de la Bolsa, entre otros. Por supuesto, también hay que ubicar nuevos centros culturales sobre los que girará esa necesidad de arte que convulsiona también esta época, entre ellos, el Museo de Bellas Artes para las artes plásticas, la Sociedad Coral, la Banda Municipal y, más tarde, la Orquesta Sinfónica de Bilbao para la música y el Teatro Arriaga para la interpretación. Y en el deporte surge el rugido de los apodados «los leones» con la fundación del Athletic Club y, años más tarde, la construcción del primitivo campo de fútbol de San Mamés, bautizado sin humildad como La Catedral.

En este paseo por los grandes momentos de Bilbao llegamos al que, posiblemente, esté siendo el tercero, iniciado recientemente, en la década de 1990, y que aún estamos viviendo los vecinos de Bilbao junto a visitantes y amigos que vienen a disfrutar de nuestra villa.

El cambio está aquí mismo, lo vivimos día a día, pero tan desde dentro que apenas lo percibimos y mucho menos lo valoramos adecuadamente. Queda demasiado cerca para darse cuenta de la gran oportunidad que es. Hará falta que pasen algunos años más para que se pueda analizar correctamente esta nueva situación.

Dicen que tras un desastre se puede morir o revivir y esto último es lo que hizo Bilbao después de una serie de reveses como la crisis económica gestada en la década de 1970, y que llegó a sus máximas consecuencias en la de 1980, o las inundaciones que sufrió en agosto de 1983 y de las que en 2008 se han cumplido 25 años. Padecidas estas situaciones desfavorables podía haberse dado por vencida, podía haberse abandonado indolente a su suerte, pero Bilbao, sus vecinos y los dirigentes políticos por ellos elegidos decidieron plantar cara y generaron, sin saberlo, lo que seguramente será el tercer gran momento de la villa.

La crisis de la década de 1980 tuvo una especial incidencia en Bilbao. Atacó a dos grandes sectores industriales básicos en el desarrollo económico de la ciudad: la industria siderúrgica y la construcción naval, ambas con tecnologías desfasadas que necesitaban una profunda reconversión para ser competitivas.

La crisis económica conllevó otros declives y retrocesos como el descenso de la población o la reducción del territorio. El primero, debido a una disminución de la natalidad y a un cambio en los movimientos migratorios que elevaron las emigraciones sobre las inmigraciones. El segundo, consecuencia de la pérdida en 1980 de las anteiglesias anexionadas durante la gran expansión de mediados de siglo XX: Erandio, Derio, Zamudio, Loiu y Sondika.

Y, como no podía ser de otra manera, todo este nuevo contexto incidió en el ambiente colectivo de la sociedad bilbaína rodeada de paro, desánimo y cierto desconcierto ante un futuro nada esperanzador.

Pero es aquí cuando llega el «revivir» del dicho, el afán de superación, el crecerse ante las circunstancias, el tesón en el trabajo, la obstinación por mejorar, la confianza en el futuro y el deseo de llegar a mejor puerto que siempre ha caracterizado al pueblo bilbaíno. Porque fanfarrones sí, pero trabajadores y constantes también.

Y, como si el nuevo cambio de siglo supusiera un cambio de piel, Bilbao ha dejado la antigua enterrada y ha estrenado una nueva dermis. Así, se está produciendo el milagro del Nuevo Bilbao que ha parido obras tan destacables como el Museo Guggenheim, del arquitecto Frank O. Gehry, y según algunos verdadero motor de la nueva era, custodiado y bien protegido por los colmillos olorosos y coloridos de flores del perro guardián Puppy. O el Palacio de Congresos y de la Música Euskalduna, que en 2003 ganó el premio al Mejor Palacio de Congresos del Mundo.

Paralelas a la cultura, las infraestructuras, ya que para que el cambio sea estable y duradero hay que dotar a la ciudad de buenas comunicaciones y volverla accesible. Para ello tenemos los nuevos puentes de Euskalduna, Zubizuri, Arrupe y Miraflores; el metro, con sus característicos «fosteritos» con forma de concha de caracol; y el tranvía, esa oruga verde que nos pasea por la superficie.

Pero, como hemos dicho, este milagro todavía se está fraguando y no todos sus logros son hechos consumados, algunos se elaboran todavía como los buenos guisos en una cocina. Pero están ahí, a punto de materializarse, como la regeneración urbana de la península de Zorrozaure en manos de la prestigiosa arquitecta angloiraquí Zaha Hadid, un espacio netamente industrial que se va a transformar en un área residencial con zonas de ocio y deporte; o la nueva biblioteca de la Universidad de Deusto y el paraninfo de la Universidad del País Vasco, ambos en pleno Abandoibarra.

Lo bueno de los grandes cambios es que son completos, regenerativos, como cambiar de sangre o respirar aire fresco. Por eso, la ciudad se renueva y cambia no sólo en su centro más urbano sino también en sus barrios periféricos mejorando su urbanismo y la calidad de vida de quienes los habitan. La urbe se humaniza, se hace amiga mediante la peatonalización de calles, escaleras mecánicas y ascensores que alivian el acceso a los barrios altos, la cubrición de vías férreas que sustituyen raíles por avenidas y paseos, ensanche de aceras, adecentamiento de parques y jardines y los intentos de recuperación de barrios deprimidos.

Y todo esto ocurre desde hace algunos años, pero sigue sucediendo día a día, minuto a minuto, mientras se escriben estas líneas. Este es el verdadero milagro. Y usted, vecino o visitante de Bilbao, tiene el privilegio de poder asistir a él. De poder pasear por la ribera de la ría, antaño sucia, descuidada y transitada por navíos cargados de mercancías y ahora lo suficientemente recuperada como para que se den cursos de pesca y entren embarcaciones de recreo y canoas. No está permitido el baño en sus aguas pero... todo se andará.

Ahora, sólo queda disfrutar de este cambio, pasear por los nuevos parajes, respirar en los días húmedos la brisa con un cierto olor a mar y, en definitiva, vivir el nuevo Bilbao que nos hace partícipes sin invitaciones escritas de su gran fiesta. Ningún día es igual al anterior y cualquier momento es diferente a otro. Por ello, el paso por una plaza o la contemplación de un edificio mutarán según cuando se haga o los ojos con los que se mire, como el efecto de un caleidoscopio.

Adelante, no perdamos el tiempo. Vayamos a conocer Bilbao, el Gran Bilbao, a pasear por sus calles, a perdernos en sus rincones, a sentir sus ambientes. Y también a disfrutar de sus gentes, esos bilbaínos orgullosos, fanfarrones y nada modestos pero siempre fieles, generosos y hospitalarios. Bilbao nos espera.

Hiri baten historian eta bertako biztanleen bizitzan, zenbait une oso garrantzitsuak dira garapenerako eta egituraketarako. Baina une garrantzitsuotan murgilduta dauden pertsona pribilegiatuen zentzuek eta arimek ez dituzte beti hautematen. Unearen gertutasuna dela eta, errealitatea ez da beti begien bistan agertzen. Urteak pasatzea eta garai haietako lorpenak finkatzea beharrezkoa da, merezi duten moduan epai daitezen.

Bilboren historian halako hiru une garrantzitsu daude, gutxienez. Lehenengoa hiriaren sorrerarena da, eta data zehatza du: On Diego Lopez de Haro Bizkaiko Jaunak 1300. urteko ekainaren 15ean sortu zuen hiribildua, hiri gutunaren bidez. Une hartatik aurrera, Bilbok lurraldea, eskubideak eta pribilegioak eduki zituen; herriak eta agintariek etekina atera zieten eta gaur egunera arte iritsi den errealitateari hasiera eman zioten. Lurralde haren barruan berehala nabarmendu zen Bilbo, eta horretan eragina izan zuten itsasoko eta lehorreko merkataritzaren garapenak eta beste ekonomia jarduera batzuen finkapenak, baita gizarte garapenak ere; horrela iritsi zen Bilbo Bizkaiko gune gailen izatera.

Baina nabarmentze ekonomikoa denborak aurrera egin ahala iritsi zen gailurrera, XIX. mendeko azken hamarkadetan eta XX. mendeko lehenengoetan; aurrerapena eta krisia, bakea eta guda nagusi izan ziren mendeen ondoren iritsi zen, hain zuzen, Bilboren bigarren une garrantzitsua. Garai hartan, hiribilduko ekonomiaren, hiriaren eta gizartearen egitura hiri handi batena bilakatu zen, eta Bilbo famatzeaz gain, nazioko eta nazioarteko ekonomia ibilbideetan garrantzia eman zioten industria eta merkataritza oinarriak ere ezarri ziren. Meatzaritza oparoak beste ekonomia sektore batzuen garapena ekarri zuen: siderurgia, ontzigintza ekoizpena, burdinbidegintza, itsasoko merkataritza edo banku eta burtsa erakunde berrien sorrera. Une haren emaitza eta iraultza haren benetako protagonista izan ziren erakunde hauek, besteak beste: Bilboko Labe Garaiak lehenengo, eta Bizkaikoak ondoren; ontzigintza elkarteak, hala nola Nerbioiko Astilleros, Euskalduna eta La Naval; Bilboko Bankua eta Bizkaiko Bankua; Bilboko Burtsa; Merkataritza, Industria eta Nabigazio Ganbera. Erakunde horiekin batera, instituzio eta azpiegitura asko ere sortu ziren, Bilboko Portua edo ia denok ezagutu dugun errealitatearen egituraketa eragin zuen burdinbide sarea, adibidez.

Eta hedapen ekonomikoarekin batera, XIX. mendearen bukaeran hasi zen lurraldearen hedapena ere, eta XX. mendean jarraitu zuen. Garapen ekonomikoak ekarritako egoera berriarentzat lurralde hura txikiegia zen, eta leku handiagoa eskatu zuen, berehala. Horregatik, mugakide ziren Abando, Begoña eta Deustuko elizateak beretu behar izan zituen, eta haietan kokatu ziren hirigune eta gizarte gune berriak: hiribilduaren zabalgunea Abandon; Campo del Volantineko txalet ederrak, sortzen ari zen burgesiaren etxebizitza zirenak; edo Deustuko Unibertsitatea.

Gaur egungo Bilboren zati handia une historiko haren oinordekoa da eta, hortaz, hiriko pasealekuetan ikusten ditugun eraikin askok garai hartan dute jatorria. Horren adibide bikainak dira, besteak beste, Abandoko zabalguneko eraikin batzuk, kale nagusi inguruan eta alboko kaleetan daudenak; Bilbotar Elkartea; Udaletxea; Basurtoko Ospitalea eta Burtsaren eraikina. Garai hura asaldatu zuen artearen beharrari erantzuna emateko, kultura etxe berriak ere sortu ziren; hala nola Arte Ederretako Museoa arte plastikoentzat, Koral Elkartea, Udal Banda eta, geroago, Bilboko Orkestra Sinfonikoa musikarentzat eta Arriaga Antzokia antzezpenarentzat. Eta kirolari dagokionez, «lehoien» orroa entzuten hasi zen Athletic

Club sortu zenean, eta zenbait urte geroago hasierako San Mames futbol zelaia eraiki zuten, eta batere umiltasunik gabe, *Katedrala* deitu zioten.

Bilboren historiako une garrantzitsuen ibilaldian aurrera, ziur asko hiria bizitzen ari den hirugarrenera iritsi gara; duela gutxi, 1990eko hamarkadan hasi zen eta oraindik ere une horretan bertan gaude, bai Bilboko herritarrok, bai gure hiriaz gozatzera etortzen diren bisitari eta lagunak.

Aldaketa hementxe dago, egunero sumatzen dugu, baina hain barrutik, non ez dugun hautematen eta, are gutxiago, behar duen moduan balioesten. Gertuegi dugu zer-nolako aukera handia den konturatzeko. Zenbait urte gehiago igarotzea beharrezkoa izango da egoera berria modu egokian aztertzeko.

Zoritxarraren ondoren hil edo berpizteko aukera dagoela esaten dute, eta Bilbok azken hori egin zuen: besteak beste, 1970eko hamarkadan garatutako eta 1980koan ondorio latzenak izan zituen krisia, edo 2008an 25 urte bete dituzten 1983ko abuztuko uholdeak jasan ondoren, berpiztu egin zen. Ezbehar horiek jasan ondoren, hiriak amore eman zezakeen, zorteak zer ekarriko arduragabe zain gera zitekeen, baina Bilbok, biztanleek eta haiek hautatutako agintari politikoek, aurrera egitea erabaki zuten eta, ustekabean, ziur asko hiribilduaren hirugarren une garrantzitsua dena garatu zuten.

1980ko hamarkadako krisiak eragin handia izan zuen Bilbon. Hiriaren ekonomia garapenean funtsezkoak ziren bi industria sektore garrantzitsuri eragin zien, hain zuzen, kaltea: siderurgiari eta ontzigintzari. Bai batak eta baita besteak ere teknologia zaharkituak zituzten, eta eraldaketa sakona behar zuten, lehiakorrak izango baziren.

Krisi ekonomikoak beste gainbehera eta atzerakada batzuk ere ekarri zituen; biztanleak urritzea edo lurraldea murriztea, besteak beste. Jaiotza tasak behera egin zuen, eta migrazio mugimenduak aldatu egin zirenez, immigrazio baino emigrazio gehiago izan ziren; horien ondorio izan zen biztanleak urritzea. Lurralde murrizketa 1980an gertatu zen, XX. mende erdialdeko hedakuntza handiaren ondorioz beretutako elizateak galtzean: Erandio, Derio, Zamudio, Loiu eta Sondika.

Eta aurreikus zitekeen moduan, testuinguru berri hark bilbotar gizartearen talde giroan eragina izan zuen; langabeziak, gogorik ezak eta itxaropenik erakusten ez zuen etorkizuna zela-eta berez zegoen halako nahasmen modukoak inguratzen zuten giroa.

Baina une hartantxe iritsi zen lehenago aipatutako «berpiztea», ezbeharrak gainditzeko grina, egoerei begira adoretzea, lanean irmo aritzea, hobetzeko seta, etorkizunean konfiantza eta beti bilbotarren ezaugarri izan den ataka gainditzeko desira. Harroputzak ez ezik, langileak eta saiatuak ere bagara eta.

Eta, mende aldaketak larruazal aldaketa ekarri izan balu bezala, Bilbok larruazal zaharra atzean utzi du, lurperatuta, eta dermis berria jantzi du aurreneko aldiz. Hala bada, Bilbo berriaren miraria ari da gertatzen, Guggenheim Museoa bezain lan aipagarriak sortu dituen Bilbo berriaren miraria. Frank O. Gehry arkitektoaren eraikina, lorezko letagin usaintsu eta koloretsuak dituen Puppy txakur zaindariak zaindu eta ondo babesten duena, garai berriaren egiazko motortzat dute batzuek. Euskalduna Kongresu eta Musika Jauregia ere garai berriaren adibide da, eta 2003. urtean jaso zuen Munduko Kongresu Jauregi Onenaren sariak ondo erakusten digu hori.

Kulturarekin batera, azpiegiturak ere aldatu dira, aldaketa egonkorra eta iraunkorra izan dadin, hiria komunikazio egokiz hornitu behar baita eta hara sartzea erraztu behar baita. Horretarako ditugu

Euskaldunako, Arruperen, Zubizuriko eta Larreagaburuko zubi berriak, metroa, barraskilo oskol itxurako «fosterito» bereizgarri eta guzti; eta tranbia, hiriaren kanpoaldean barrena paseatzen gaituen beldar berdea.

Baina, arestian esan dugun moduan, miraria oraindik ere gertatzen ari da eta, beraz, oraindik ez dira haren lorpen guztiak burutu; haietako batzuk sukaldean prestatzen ari dira oraindik, jaki goxoen antzera. Baina hor daude, gauzatzeko zorian; adibidez, Zaha Hadid angloirakiar arkitekto ospetsuak Zorrotzaurreko penintsula birsortuko du, eta industria eremu petoa dena aisialdirako eta kirola egiteko lekuak izango dituen bizitegi gune bihurtuko du; eta Deustuko Unibertsitateko liburutegi berria eta Euskal Herriko Unibertsitateko areto nagusia eraikiko dira, biak Abandoibarra erdian.

Aldaketa garrantzitsuek badute ezaugarri on bat: erabatekoak direla, birsortu egiten dutela, odolez aldatzeak edo aire freskoa arnasteak bezalaxe. Horregatik, hiria berritu egiten da, eta erdigunea ez

ezik, hiri inguruko auzoak ere aldatu egiten dira, eta haien hirigintza eta bertako biztanleen bizi-kalitatea hobetu egiten dira. Hiriak gizatasun handiagoa erakusten du, eta hiria eta hiritarrak adiskidetzen dituzte honako hauek: oinezkoentzako kaleek; goialdeko auzoetara iristea errazten duten eskailera mekanikoek eta igogailuek; burdinbideak estalita, errailen ordez sortzen diren etorbide eta pasealekuek; espaloi zabalagoek; txukundutako parke eta lorategiek eta auzo atzeratuak suspertzeko saialdiek.

Eta hori guztia orain urte batzuk hasi zen jazotzen, eta egunetik egunera gertatzen da, minututik minutura, lerro hauek idazten ditudan bitartean. Hauxe da egiazko miraria. Eta zuk, Bilboko bizilagun edo bisitari horrek, haren lekuko izateko pribilegioa duzu. Itsasadar ertzetik paseatzeko pribilegioa duzu (garai batean zikina, zabarra eta salgaiz betetako ontziz josita zegoen itsasadarra), lehengoratu egin baitute, eta arrantza ikastaroak egiteko aukera edo, aisialdiko ontziak eta kanoak bertan ibiltzeko aukera eskaintzen baititu gaur egun. Ur horietan bainua hartzea debekatuta dago... baina, hori ere etorriko da.

Orain, aldaketaz gozatzea besterik ez dugu, inguru berrietan paseatzea, egun hezeetan halako itsaso usaina duen haize gozoa arnastea; azken batean, Bilbo berria bizitzea, idatzizko gonbidapenik gabe, bere festa handiko parte-hartzaile egiten gaitu eta. Ez dago aurrekoa bezalako egunik eta une guztiak desberdinak dira. Hori dela eta, era batean edo bestean igaroko gara plaza batetik edo begiratuko diogu eraikin bati, noiz egiten dugun edo zer begirekin begiratzen diogun, kaleidoskopio baten eraginaren antzera.

Aurrera! Ez dezagun denbora gal. Goazen Bilbo ezagutzera, Bilbo Handia ezagutzera; pasea gaitezen bere kaleetan barrena, gal gaitezen bere zokoetan, senti ditzagun bertako giroak. Goza dezagun bere jendeaz, bilbotarrak harroputz, handiuste eta batere xumeak ez ezik, beti fidelak, eskuzabalak eta abegitsuak ere badira eta. Bilbo gure zain dago.

There are undoubtedly moments in the history of a city and the lives of its people that play a key role in their development and evolution. Yet these moments are not always perceived by the senses or soul of those individuals lucky enough to experience them. On occasions, the proximity of the moment may blur reality. It takes the benefit of hindsight and the consolidation of the achievements of those days in order to be able to judge them as they truly deserve.

The history of Bilbao boasts at least three of those moments. The first has a specific date which takes us back to the origins of the city: 15 June 1300 when the Lord of Biscay, Diego López de Haro, issued the founding charter for the city of Bilbao. From then on, Bilbao would enjoy a series of rights, privileges and territories that would be put to good use by its people and leaders and which marked the starting point for a development that has continued up until the present day. The evolution of trade by land and sea, as well as the consolidation of other types of economic activities, bringing with them social progress and development, rapidly placed Bilbao at the forefront of the territory, turning it into Biscay's most prosperous town.

However, it was not until the late 19th and the early 20th centuries that this economic prosperity would reach its heyday, when, following centuries of progress and recession, of wars and periods of peace, Bilbao experienced its second major milestone. Indeed, it was during this time that the town's economic, urban and social structure would become that of a major city, and that Bilbao's industrial and commercial foundations would be laid, enabling it to enjoy a privileged position on the major national and international routes.

Swept along in the wake of the booming mining industry, other economic sectors appeared: the iron and steel industry, shipbuilding, the railways, maritime trade and new banking and financial businesses. This was a period that saw the appearance of the true driving forces of this revolution such as the blast furnaces of Bilbao, followed by those of Biscay; the shipyards of Nervión, Euskalduna and La Naval; the Banco de Bilbao and Banco de Vizcaya; Bilbao Stock Exchange; the Chamber of Commerce, Industry and Navigation, as well as a long list of institutions and infrastructures such as the Port of Bilbao or the railways that built up the industrial network that contributed to a situation which almost everyone is familiar with.

In addition, this economic prosperity brought with it a territorial expansion which began in the late 19th century and continued into the 20th century. The city's economic prosperity was suffering the constraints of its territorial limitations and was demanding more space. It was therefore necessary to annex the neighbouring districts of Abando, Begoña and Deusto where new urban and social centres were springing up such as the city expansion areas in Abando, the eye-catching homes in Campo Volantín, built to house an increasingly prosperous bourgeoisie, or Deusto University.

Much of modern day Bilbao is the legacy of that historic moment, and indeed the origins of many of the buildings that can be admired during a stroll around the city dated from that period. There are several notable examples to be seen in the new part of the city in Abando-district, which takes in the Gran Vía and adjacent streets, such as the Sociedad Bilbaína headquarters or the City Hall, –such as Basurto Hospital and the Stock Exchange building. Naturally, we can also find new cultural centres, created to satisfy the artistic, musical and theatrical aspirations that also characterised this period, such as the Fine Arts Museum, the Choral Society, the Municipal Band, and later the Bilbao Symphony Orchestra and the Arriaga Theatre. And the field of sport saw the appearance of the so-called *«lions»* following the founding of the Athletic Club football team, followed years later by the original football stadium, San Mamés, rather immodestly nicknamed The Cathedral.

This tour of Bilbao's most important moments brings us to what is probably the third milestone; one that began only recently, in the 1990s, and which the residents of Bilbao, together with the visitors and friends that come to enjoy the delights of this city, are still experiencing at first hand.

A change that can be perceived here and now, on a daily basis, yet which is hardly perceptible and even less valued by those of us who experience it from within. A magnificent opportunity, yet one that is probably too close to enable us to contemplate it with the necessary precision and focus. It will take the hindsight of several years in order to analyse the reality of this new situation correctly.

It's said that after a major catastrophe a city can either remain buried under the ashes of disaster or rise up from them. And this latter option is precisely what Bilbao did following a series of major setbacks such as the financial recession of the 1970s –the full impact of which was not felt until the 1980s–, and the floods of August 1983, the twenty-fifth anniversary of which was commemorated in 2008. Setbacks which could have worn down the city's determination and will, causing it to give up the struggle. Yet Bilbao, its residents and political leaders, decided to face up to adversity, and unwittingly created what will surely be considered as the third major milestone in the city's history.

The crisis of the 1980s hit Bilbao particularly hard. It had a devastating impact on two of the large industrial sectors that were essential to the city's economic development: the iron and steel industry and the shipbuilding sector, both equipped with outdated technology and which required drastic restructuring and rationalisation in order to be able to compete on modern markets.

The economic crisis brought with it other difficulties and setbacks such as a drop in population numbers and a loss of territory. The former was the result of falling birth rates and a shift in migratory flows, with the number of those opting to emigrate exceeding immigration figures. The latter was attributable to the loss, in 1980, of the districts that had been annexed during the mid 20th century expansion phase: Erandio, Derio, Zamudio, Loiu and Sondika.

As was to be expected, this new context had an impact on the spirits of Bilbao's residents, immersed in a situation characterised by unemployment, pessimism and a certain perplexity in the light of this unpromising future outlook.

Yet the city opted to «rise up from its ashes», growing through adversity thanks to its hard work and determination to improve, together with the positive outlook on the future and the desire to improve that has always characterised the people of Bilbao. Because although they can sometimes be accused of being somewhat boastful, they are also unquestionably determined and hard-working.

And, almost as if the turn of the century was the chance to shed its old skin, Bilbao has managed to leave its problems behind and take on a brand new attitude and appearance. The miracle of this new Bilbao includes such outstanding works as the Guggenheim Museum, designed by architect Frank O. Gehry, and according to many the true driving force behind this new era, well guarded by the fragrant and colourful fangs of *Puppy*, a living sculpture made of flowers, or the Euskalduna Convention Centre and Concert Hall, which in 2003 received the award for the World's Best Convention Venue.

In addition to the cultural facilities, mention must also be made of the city's infrastructures, an essential factor in order to provide the city with easy and efficient accesses and communications, thereby guaranteeing that this change will be stable and long-lasting. These include the new Euskalduna, Arrupe, Zubi-zuri and Miraflores bridges; the metro with its «Foster» signature snail shell entrances; and the light railway system, a green caterpillar that transports us as it winds its way around the city.

However, as we said, this miracle is still taking shape, and not all the achievements are yet complete; some are still simmering away like a rich, bubbling casserole. Yet they're there, on the verge of taking shape, like the urban renovation project for the Zorrozaure Peninsula, commissioned to leading Anglo-Iraqi architect Zaha Hadid. This former industrial space is to be transformed into a residential area, complete with sports and leisure facilities. Other examples include the new Deusto University library and the main auditorium of the Basque Country University, both located in the heart of Abandoibarra.

The best thing about these major overhauls is that they have a thorough and revitalising effect –like having a blood transfusion or gulping in fresh air. Indeed, the air of change can be felt throughout the city; not just in the centre but also in the outlying districts, improving the urban planning and quality of life of those that live there. The city takes on a more human face; its pedestrian streets, escalators and lifts improve access to the districts perched on the hilltops; former railway tracks are covered up and replaced by avenues and walks; pavements become wider; the parks and gardens are given a facelift and attempts are being made to revitalise certain city districts.

All this has been going on for several years; almost imperceptible changes that take place day after day, minute by minute, even as these lines are being written. And you, as a resident or visitor to Bilbao, are a privileged witness to this change. Now you can enjoy a stroll along what was once a dirty riverbank, uncared for and used by vessels laden with goods, but which today is clean enough to welcome pleasure boats and canoes, and even to host fishing courses. Bathing in its waters is still not allowed... but who knows what the future will bring.

Now, all that remains to be done is to make the most of these changes; to stroll around these new landscapes; to breathe in the salty sea breeze on damp days...in short, to accept the invitation the city has extended to live the new Bilbao to the full. No two days are the same, and each moment is unique. For that reason the perception of a square or building will depend on the time of day or the eyes that contemplate them, like looking through a kaleidoscope.

Let's go, there's no time to waste. It's time to discover Bilbao, the Greater Bilbao, to stroll along its streets, to lose ourselves in its many corners, to experience the atmosphere at first hand. And to mingle with its people, those proud, boastful inhabitants of Bilbao, whose loyalty, generosity and hospitality amply make up for any possible lack of modesty. Bilbao is waiting for us.

CASCO VIEJO: LAS SIETES CALLES

ALDE ZAHARRA: ZAZPI KALEAK

THE OLD QUARTER: SEVEN STREETS

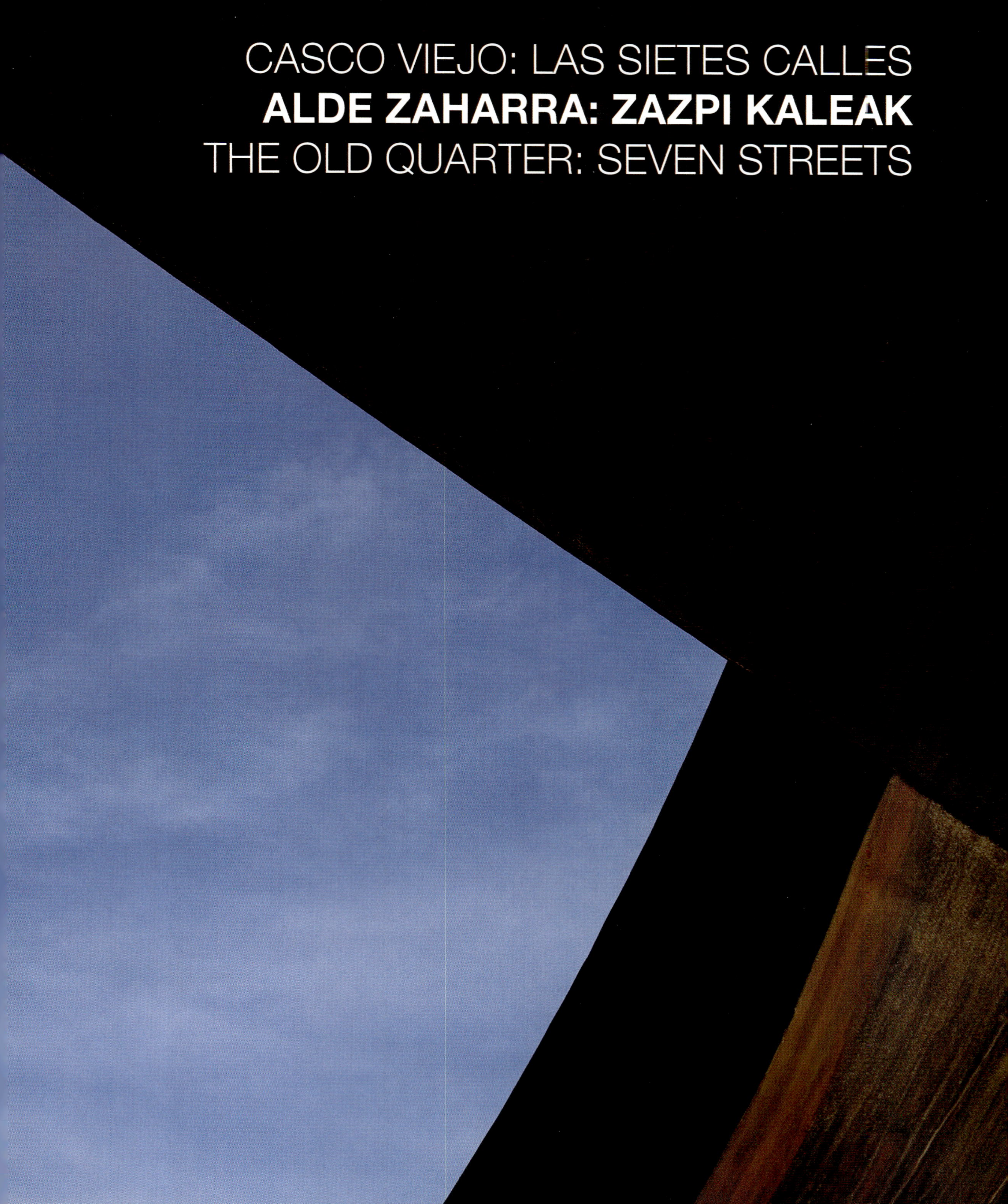

Abajo se puede ver la iglesia de San Antón, donde el Concejo de Bilbao se reunía desde el siglo XVI en un edificio contiguo. A la derecha, la actual Casa Consistorial inaugurada en 1892 y obra del arquitecto Joaquín Rucoba, fue construida en terrenos del antiguo convento de San Agustín, un lugar más centrado en la nueva expansión territorial iniciada en el siglo XIX.

Goian, San Anton eliza. Bilboko Kontzejua bertan biltzen zen XVI. mendetik, aldameneko eraikin batean. Eskuinean, egungo Udaletxea, 1892an inauguratutako Joaquin Rucoba arkitektoaren lana. Antzinako San Agustin komentuaren lurretan eraiki zuten, XIX. mendean hasitako lurralde zabalkuntzan erdirago geratzen baitzen leku hura.

Left: the Church of San Antón, where Bilbao's City Council used to meet from the 16th century onwards in an adjacent building. Below: the current City Hall. Inaugurated in 1892 and designed by the architect Joaquín Rucoba, it stands on the site of the former Convent of San Agustín, in a more central area of the city following the expansion process which began during the 19th century.

casco viejo: las sietes calles **alde zaharra: zazpi kaleak** the old quarter: seven streets

Tres visiones del Casco Viejo: a la izquierda, casas en el muelle de Marzana y el Teatro Arriaga, llamado así en recuerdo al compositor bilbaíno Juan Crisóstomo de Arriaga, autor de la ópera *Los esclavos felices*; a la derecha, el busto del escritor Miguel de Unamuno, ubicado en la plaza que lleva su nombre.

Alde Zaharraren hiru irudi: ezkerrean, Martzana kaiko etxeak eta Arriaga Antzokia, *Los esclavos felices* (Esklabo zoriontsuak) operaren egile Juan Crisostomo Arriaga bilbotar musikariaren izena daraman antzokia; eskuinean, Miguel Unamuno idazlearen bustoa, izen bereko plazan dagoena.

Three views of the Old Quarter. Left: houses lining Marzana Wharf and Arriaga Theatre, named after the Bilbao-born composer Juan Crisóstomo de Arriaga, author of the opera *Los esclavos felices*; right: a bust of the writer Miguel de Unamuno, standing in the square that bears his name.

El Casco Viejo es una zona tradicionalmente comercial donde gran parte de los negocios tuvo que ser renovada tras las inundaciones acaecidas en el año 1983, lo que supuso en contraprestación un resurgimiento económico de este espacio. Pero los visitantes que se acercan a sus calles no sólo acuden a comprar sino también a reunirse en sus numerosos bares y terrazas disfrutando del ambiente añejo que los envuelve.

Alde Zaharra merkataritza gunea izan da beti. Bertako denda gehienak berritu egin behar izan zituzten 1983ko uholdeen ondorioz, eta horrek gunearen berpizkunde ekonomikoa ekarri zuen. Baina bisitariak ez dira erosketak egitera bakarrik joaten bertara; taberna eta terrazetan biltzen dira aspaldiko kutsua duen giroaz gozatzeko.

The Old Quarter boasts a long-standing commercial tradition, although many of the premises had to be renovated following the 1983 floods. Despite the devastation, this disaster fortunately led to the economic revival of this area. Yet visitors come here not only to shop, but also to enjoy the welcoming atmosphere of the many bars and street cafés, immersing themselves in this quaint, old-world environment.

casco viejo: las sietes calles **alde zaharra: zazpi kaleak** the old quarter: seven streets

En esta página, una imagen de la calle Bidebarrieta, una de las principales del Casco Viejo aunque no una de las más antiguas, pues su origen se remonta a la expansión desarrollada por Bilbao más allá de sus murallas en el siglo XV, de ahí que su nombre signifique «camino nuevo» refiriéndose a uno de los caminos que surgían de aquel primitivo ensanche.
A la derecha, foto superior, una de las zonas de esparcimiento creadas en torno al muelle del Arenal, en concreto alrededor de los tinglados, antiguos pabellones portuarios donde se almacenaban y se guarecían de la lluvia las mercancías que llegaban o salían de la villa mediante los barcos que remontaban la ría. En la foto inferior, arranque del puente del Arenal donde para aplacar el frío invernal se colocan los tradicionales puestos de castañas, algunos en forma de locomotora.

Orrialde honetan, Bidebarrieta kalearen irudi bat.
Alde Zaharreko kale nagusietako bat izan arren, ez da zaharrenetakoa. Izan ere, XV. mendean sortu zen, Bilbo harresietatik haratago zabaldu zenean. «Bide berri» izena zor dio antzinako zabalgune hartan sortu ziren kaleetako bat izateari.
Eskuinean, goian, Areatzako kaiaren inguruan sortutako aisialdirako guneetako bat, hain zuzen ere, portuko pabilioi izan ziren aterpeen ingurukoa. Pabilioi horietan gordetzen zituzten itsasadarrean gora egiten zuten itsasontziek garraiatutako salgaiak. Beheko argazkian, Areatzako zubiaren abiapuntua; neguko hotza leuntzeko gaztaina postuak izaten dira bertan, batzuk tren itxurakoak.

This page: Bidebarrieta Street, one of the main, but not the oldest streets in the Old Quarter, as it dates back to the city's expansion beyond its walls that took place during the 15th century. Bidebarrieta means «new way», in reference of one of the roads that appeared as a result of this expansion process.
Top right: one of the recreation areas created around Arenal Wharf, and the former port sheds. They used to provide shelter from the rain for the merchandise entering or leaving the city via the barges that would transport them up the tidal estuary. The bottom photo shows the base of Arenal Bridge, where the traditional chestnut sellers –a welcome treat on a chilly winter's day– would set up their stalls, some of which looked like steam engines.

casco viejo: las sietes calles **alde zaharra: zazpi kaleak** the old quarter: seven streets

A la izquierda, y gracias a la perspectiva de la visión, podemos contemplar tres edificios muy diferentes en su naturaleza: en primer término, una de las torres de la iglesia de San Nicolás, dedicada al patrón de los navegantes; seguido, un lateral del Teatro Arriaga; y en el fondo, la torre de Bailén construida en la década de 1940 y conocida como el primer rascacielos de Bilbao. En la otra página, sobre un fondo de tejados, despunta la torre de la catedral de Santiago construida por el arquitecto Severino de Achúcarro en el siglo XIX bajo estilo neogótico.

Ezkerrean, hiru eraikin erabat desberdin ikus ditzakegu irudiaren perspektibari esker: aurrean, itsasgizonen zaindari San Nikolasen eliza; ondoren, Arriaga Antzokiaren albo bat; eta atzealdean, 1940an eraiki zen Bailen dorrea, Bilboko lehen etxe orratza. Hurrengo orrialdean, Santiago katedralaren dorrea gailentzen da teilatuen artetik. Severino Achucarro arkitektoak eraiki zuen katedral neogotiko hori, XIX. mendean.

Left: an angle that allows us to admire three starkly contrasting buildings: in the foreground, one of the towers of the Church of San Nicolás, dedicated to the patron saint of sailors; next is one side of Arriaga Theatre; and in the background, Bailén Tower, built in the 1940s and known as Bilbao's first skyscraper. Opposite page: the tower of the Neo-Gothic Cathedral of Santiago, built by the architect Severino de Achúcarro in the 19th century, rises up above the city skyline.

casco viejo: las sietes calles **alde zaharra: zazpi kaleak** the old quarter: seven streets

casco viejo: las sietes calles **alde zaharra: zazpi kaleak** the old quarter: seven streets

Entre la iglesia de San Antón y el Teatro Arriaga, y para unir los dos márgenes de la ría, nos encontramos con tres puentes: el de San Antón, elemento que se haya presente en el escudo de Bilbao (foto izquierda superior); el de la Ribera, levantado en el lugar en el que antes se localizaba el puente colgante de San Francisco (foto izquierda inferior); y el de la Merced, llamado así por el convento al que da paso (foto de abajo).

San Anton elizaren eta Arriaga Antzokiaren artean, hiru zubik lotzen dituzte itsasadarraren bi aldeak: Bilboko armarrian ageri den San Anton zubiak (ezkerrean, goiko argazkia); San Frantzisko zubi esekia zegoen lekuan eraiki zuten Erriberako zubiak (ezkerrean, beheko argazkia); eta Mesedeetakoak (beheko argazkia). Azken horrek izen bereko komenturako sarbidea izateari zor dio izena.

Three bridges join both banks of the tidal estuary between the Church of San Antón and Arriaga Theatre: San Antón, which features Bilbao's coat-of-arms (top left photo); La Ribera, built on the site of the former San Francisco transporter bridge (bottom left photo); and La Merced, named after the convent it leads to (bottom photo).

Abajo, estación de tren llamada de La Concordia que une Bilbao con diferentes puntos de la cornisa cantábrica, aunque también es conocida como la Estación de Santander por unir en sus orígenes ambos núcleos urbanos. Ubicada en el Ensanche de Abando fue diseñada y construida bajo estilo modernista, y está considerado uno de los edificios más representativos de la *Belle Epoque* bilbaína. A la derecha, fachadas de viviendas construidas en La Naja.

Goian, La Concordia tren geltokia. Kantauri Itsasertzeko hainbat leku lotzen ditu, eta Santanderreko geltokia ere esaten zaio, hasieran bi hiriak lotzen baitzituen. Abandoko zabalgunean dagoen eraikin modernista bilbotar *Belle Epoque*aren eraikin adierazgarrienetakotzat jotzen da. Eskuinean, Naxan eraiki zituzten etxebizitzen aurrealdeak.

casco viejo: las sietes calles **alde zaharra: zazpi kaleak** the old quarter: seven streets

A través de paseos que recorren el Casco Viejo, zona también llamada Siete Calles por el número de vías que antaño la conformaban, el visitante puede disfrutar observando las ricas fachadas y bellas facturas de los edificios que se encontrará. En esta página observamos la esquina de las calles Correo y Víctor, donde existe una casa-palacio del siglo XVIII conocida como Casa del Jaspe que luce en su fachada el escudo de armas de los apellidos Allende Salazar y Gortázar. En la página siguiente, fachada de casa en la calle Bidebarrieta, que luce dos medallones con las efigies de los Reyes Católicos, y las coloridas balconadas de las casas de la calle Correo que se constituyen en perfectos miradores desde donde observar la vida comercial y callejera de esta céntrica vía urbana.

Alde Zaharrari Zazpi Kale ere esaten zaio, antzina zazpi kalek osatzen baitzuten. Kale horietan barrena eraikinen aurrealde aberatsak eta egitura ederrak miresteko aukera du bisitariak. Orrialde honetan, Posta eta Viktor kaleen ertzean dagoen Jaspe Etxea jauretxea; XVIII. mendekoa da eta Allende Salazar eta Gortazar abizenen armarria du aurrealdean. Hurrengo orrialdean: Bidebarrieta kaleko etxe baten aurrealdea, Errege Katolikoen irudiak dituzten bi medailoi eta guzti; eta Posta kaleko balkoi koloretsuak, hiriko erdiguneko merkataritza jarduerari eta kaleko bizitzari begiratzeko behatoki paregabeak.

A stroll around the Old Quarter, also known as Siete Calles (Seven Streets) due to the original number of streets that once formed it, will allow visitors to admire the magnificent facades and striking constructions that line their way. This page: the corner of Correo and Víctor streets, site of an 18th century palace known as Casa del Jaspe and which proudly bears the coat-of-arms of the Allende Salazar y Gortázar family. Next page: a facade of a house on Bidebarrieta Street, featuring two medallions portraying the Catholic Monarchs, and the colourful row of balconies that decorate the houses on Correo Street, the perfect place from which to watch the hustle and bustle of city life on this street in the heart of the city.

casco viejo: las sietes calles **alde zaharra: zazpi kaleak** the old quarter: seven streets

La regeneración urbanística de la parte más antigua de la ciudad se está consiguiendo gracias a una política municipal gestionada mediante la entidad Sociedad Urbanística de Rehabilitación de Bilbao, Surbisa, que concede ayudas y premios para la rehabilitación de viviendas, lo que hace que muchas de ellas luzcan fachadas renovadas. A la derecha, paso del tranvía por la calle Ribera a la altura de los soportales.

Bilboko Berregokipenerako Hirigintza Elkarteak (Surbisa) kudeatutako udal politikari esker ari da berritzen hiriko gune zaharrena. Elkarte horrek etxebizitzak berritzeagatiko laguntzak eta sariak ematen dituenez, haietako askok berritua dute aurrealdea. Eskuinean, tranbia Erribera kalean barrena, arkupeen ondotik.

The urban regeneration of the city's oldest district is the result of a municipal policy implemented by Surbisa, Bilbao's Urban Restoration Organisation,

which grants housing renovation subsidies and awards, and has allowed the facades of many buildings to be restored to their former splendour. Right: the tram as it makes its way along Ribera Street, passing by the colonnades.

La plaza Nueva, del siglo XIX, tomó ese nombre para diferenciarse de la plaza Vieja, situada delante de la iglesia de San Antón. De planta cuadrada, se compone de arcadas separadas por columnas dóricas y tres plantas con ventanas de diferente tamaño según la altura y renta económica de sus moradores. En ella se han establecido importantes instituciones como la Diputación de Bizkaia o actualmente Euskaltzaindia.

XIX. mendeko Plaza Barriak San Anton elizaren aurrean zegoen Plaza Zaharretik bereiztearren hartu zuen izen hori. Oinplano karratua du, eta doriar zutabeek banandutako arkuz osatua dago. Hiru solairuko eraikin leihodunak ditu, eta leihoen tamaina solairuen altueraren araberakoa da. Eraikin horietako biztanleen

errentak merkeak dira. Gainera, erakunde garrantzitsuen egoitzak ere badaude bertan, hala nola Bizkaiko Aldundiarena eta Euskaltzaindiarena.

The name for the 19th century Plaza Nueva was chosen in order to distinguish it from Plaza Vieja, facing the Church of San Antón. This square features arcades separated by Doric columns and topped by three storey buildings whose windows vary in size in accordance with their height and the wealth of their inhabitants. They have housed major institutions such as the Biscay Provincial Council and the current Euskaltzaindia.

casco viejo: las sietes calles **alde zaharra: zazpi kaleak** the old quarter: seven streets

A la izquierda, foto superior, la iglesia barroca de los Santos Juanes, antigua iglesia de los jesuitas en cuyo colegio adosado se encuentra ahora el Museo Vasco. Además podemos ver el interior y torre de la catedral de Santiago, que toma su nombre de Santiago el Mayor, patrón de Bilbao. Su construcción comenzó a finales del siglo XV bajo estilo gótico aunque se han añadido posteriormente elementos de otros estilos como el actual pórtico renacentista. En su interior, planta de cruz latina de tres naves separadas por pilares con columnas adosadas y bóveda de crucería.

Ezkerrean, goian, Joan Santuen eliza barrokoa. Jesulagunen eliza izan zen antzina, eta alboko ikastetxea Euskal Museoaren egoitza da gaur egun. Santiagoko katedralaren barrualdea eta dorrea ere ikus ditzakegu. Katedral horrek Bilboko zaindari Santiago Nagusiaren izena darama. XV. mende amaieran estilo gotikoan eraikitzen hasi ziren, baina ondoren beste estilo batzuetako osagaiak jarri zizkioten, besteak beste, egungo elizate errenazentista. Barruan, zutabe atxikiak dituzten harroinek banandutako hiru nabek osatzen duten latindar gurutzeko oinplanoa eta gurutze ganga ditu.

Top left: the Baroque Church of Los Santos Juanes, a former Jesuit church whose adjacent school today houses the Basque Museum. We can also see the interior and tower of the Cathedral of Santiago, named after Saint James the Great, Bilbao's patron saint. Work on the cathedral began in the late 15th century in the Gothic style, although elements from other styles were later added, such as the current Renaissance portico. Built in the form of a Latin cross, the interior has three naves separated by pillars with adjacent columns and ribbed vaults.

casco viejo: las sietes calles **alde zaharra: zazpi kaleak** the old quarter: seven streets

De izquierda a derecha: la puerta del Ángel, que da acceso al claustro gótico de la catedral de Santiago; la iglesia barroca del convento de La Merced, reconvertida en su uso y actualmente centro cultural llamado Bilborock, dotado con una sala de actuaciones y varias de ensayo; y, finalmente, la imagen de la Virgen de Begoña, la *amatxu* de los bilbaínos, que fue consagrada canónicamente patrona de Bizkaia en 1903, y a la cual se le rinde culto todos los 11 de octubre mediante una peregrinación donde no faltan ni romeros ni rosquillas.

Ezkerretik eskuinera: Aingeruaren atea, Santiagoko katedralaren klaustro gotikorako sarbidea. Mesedeetako komentuko eliza barrokoa; egun Bilborock izeneko kultura gunea da eta emanaldi eta entsegu aretoak ditu. Azkenik, Begoñako Andra Mariaren irudia. Bilbotarren amatxua Bizkaiko zaindaritzat santutu zuten 1903an, eta hura gurtzeko urriaren 11n erromesaldia egiten da; beti izaten dira bertan erromesak nahiz erroskillak.

From left to right: the Angel Door, leading to the Cathedral of Santiago's Gothic cloister; the Baroque Church of the Convent of La Merced, which has been converted to house the Bilborock Cultural Centre, and fitted with an auditorium and several rehearsal rooms; and finally the statue of the Virgen de Begoña, *la amatxu* or «mother» of the people of Bilbao, and canonically consecrated as the patron saint of Biscay in 1903. A pilgrimage in her honour is held each year on 11 October, during which the faithful enjoy the ring-shaped pastries known as *rosquillas*, essential elements of this celebration.

La basílica de Begoña alberga la tan querida imagen de la *amatxu* de Begoña, en un templo gótico diseñado por Sancho Martínez de Arego en el siglo XVI y estructurado en planta basilical de tres naves sin crucero con bóvedas de crucería del siglo XVII. Esta basílica se construye dentro de la antigua anteiglesia de Begoña, anexionada en 1924 a Bilbao, y sobre terrenos donde existió una ermita primitiva con la misma advocación.

Begoñako basilikan dago Begoñako amatxuaren imajina maitatua. Tenplu gotiko hori Sancho Martínez de Aregok diseinatu zuen XVI. mendean; gurutzadurarik gabeko hiru nabeko basilika oinplanoa du, eta XVII. mendeko gurutze gangak ditu. Bilbok 1924an beretu zuen antzinako Begoñako elizatearen barruan eta izen bereko baseliza baten lurretan eraiki zuten.

The Basilica of Begoña houses the much loved statue of the *amatxu* Begoña. This is a Gothic temple designed by Sancho Martínez de Arego in the 16th century in classic basilica style with three naves but no transept and 17th century ribbed vaults. This basilica was built within the ancient parish of Begoña, annexed to Bilbao in 1924, on the site of an ancient shrine dedicated to the same saint.

Las Calzadas de Mallona sirven para unir el Casco Viejo con la basílica de Begoña, salvando mediante escaleras el gran desnivel que existe entre estos dos puntos. Un calvario de piedra acompaña el paseo. Hacia la mitad de las calzadas se conserva la portada de acceso de lo que fue el primer cementerio de Bilbao, consistente en un arco decorado con columnas dóricas y coronado por una cruz y dos urnas funerarias. Poco más queda de aquel primitivo cementerio sobre cuyos terrenos ahora encontramos el campo de fútbol de Mallona.

Mallonako Galtzadek Alde Zaharra eta Begoñako basilika lotzen dituzte, eta bi puntuen arteko malda gainditzeko eskailerak daude. Harrizko kalbario bat dago ibilbidean. Galtzaden erdialdean Bilboko lehen hilerriaren sarrera mantentzen da: doriar zutabez apainduta dagoen eta goian gurutze bat eta bi erraauts kutxatila dituen arkua. Antzinako hilerriko ezer gutxi gehiago gelditzen da. Lursail horretan Mallona futbol zelaia dago gaur egun.

The Calzadas de Mallona or «Mallona Roads» link the Old Quarter with the Basilica of Begoña via a set of steep stone steps which visitors must hike up. Halfway up we come to the gateway to Bilbao's first cemetery, an archway decorated with Doric columns and topped by a cross and two funerary urns. Little else remains of this early cemetery which today is the site of Mallona Football Ground.

casco viejo: las sietes calles **alde zaharra: zazpi kaleak** the old quarter: seven streets

ENSANCHE DE ABANDO

ABANDOKO ZABALGUNEA

ABANDO DISTRICT

En el corazón de la plaza Circular se halla la escultura de don Diego López de Haro, señor fundador de la villa de Bilbao en el año 1300 quien, con la carta puebla en su mano derecha y bajo atenta mirada, recibe cada 15 de junio un merecido homenaje y ofrenda floral por parte de los ciudadanos y gobernantes de la villa que fundó. La estatua tuvo una primitiva ubicación en la plaza Nueva desde donde, después de varios traslados, fue colocada en su emplazamiento actual.

Plaza Biribilaren erdi-erdian dago 1300. urtean Bilbo eraiki zuen on Diego Lopez de Haroren eskultura. Hiri gutuna eskuin eskuan eta begirada adi-adi, eraiki zuen hiriko biztanleek eta agintariek urtero egiten diote merezi duen omenaldia eta lore eskaintza ekainaren 15ean. Lehenengo, Plaza Berrian jarri zuten estatua, eta zenbait aldiz lekuz aldatu ondoren, gaur egun dagoen lekuan kokatu zuten.

In the centre of Plaza Circular stands the statue of Diego López de Haro, who founded the city of Bilbao back in 1300. Each year, on 15 June, a well-deserved tribute and floral offering is made by residents and authorities alike to the city's founder, who presides sternly over the proceedings, with the founding charter firmly in his grasp. Originally the statue stood in Plaza Nueva, and was moved to various sites before its current location.

Bilbao desde las últimas décadas del siglo XIX experimenta un crecimiento económico y demográfico que exigirá nuevos terrenos por donde poder expandirse y canalizar las nuevas necesidades urbanísticas surgidas. Esos terrenos se los proporcionará la anteiglesia de Abando y sobre ellos se diseñará el nuevo ensanche bilbaíno donde se van construyendo grandes edificios que servirán para emplazar los florecientes negocios y como lugar de residencia de la rica burguesía. A la derecha, edificio de la entidad bancaria Bilbao Bizkaia Kutxa, sito en la plaza Circular.

XIX. mendeko azken hamarkadetatik aurrerako hazkunde ekonomiko eta demografikoa zirela-eta, hedatzeko eta sortu berri ziren hirigintza beharrak bideratzeko lursail gehiago behar zituen Bilbok. Abandoko elizateak eman zizkion, eta horietan diseinatu zuten Bilboko zabalgune berria. Eraikin handiak egin zituzten, gorantz zihoazen negozioen egoitza eta burgesia aberatsarentzako bizileku izango ziren eraikinak. Eskuinean, Bilbao Bizkaia Kutxa banketxearen egoitza, Plaza Biribilean.

From the late 19th century onwards, Bilbao began to grow both in size and prosperity, leading to the need for new territories in which to expand and channel the new urban requirements. The city engulfed the parish of Abando, creating a new district of Bilbao in which large buildings were constructed to house its flourishing businesses and provide homes for the wealthy bourgeoisie. Right: the Bilbao Bizkaia Kutxa Bank headquarters in Plaza Circular.

Abajo, arranque de la Gran Vía desde la plaza Circular. A la derecha, la estación de trenes recientemente llamada Abando Indalecio Prieto aunque más conocida por su anterior nombre de Estación del Norte. Su diseño se inspiró en modelos europeos, sobre todo ingleses, y corrió a cargo del ingeniero Cipriano Segundo de Montesinos. Destaca la vidriera principal de la estación con reloj en su centro.

Goian, Galtzada Nagusiaren abiapuntua Plaza Biribiletik hasita. Eskuinean, Abando Indalecio Prieto tren geltokia; izen hori orain gutxi jarri diote, eta aurrekoa, Iparraldeko Geltokia, ezagunagoa da. Cipriano Segundo de Montesinos ingeniariak diseinatu zuen eta inspirazioa europar ereduetatik hartu zuen, ingeles ereduetatik batik bat. Nabarmentzekoa da geltokiko beirate nagusia, erloju eta guzti.

Left: the start of the Gran Vía from Plaza Circular. Above: the recently renamed Abando Indalecio Prieto Railway Station, although it is still known locally by its former name, North Station. Inspired by European and particularly English stations, it was designed by the engineer Cipriano Segundo de Montesinos. Particularly worthy of mention is the main stained glass window with the station clock in the centre.

ensanche de abando **abandoko zabalgunea** abando district

El desarrollo económico de Bilbao implica el surgimiento y consolidación de bancos y cajas de ahorro que emplazan sus sedes principales en notables edificios del Ensanche de Abando, la nueva zona de expansión de la villa. A la izquierda, detalle de columnas corintias del antiguo Banco de Bilbao sito en la Gran Vía. En la foto de la derecha, el Banco de Santander y, al fondo, la fachada del antiguo Banco Vizcaya, un rascacielos acristalado inaugurado en 1969 en terrenos donde se ubicó su primitiva sede en 1903.

Bilboko garapen ekonomikoak banketxeak eta aurrezki-kutxak sortzea eta finkatzea ekarri zuen; horiek Abandoko zabalguneko eraikin bikainetan jarri zituzten beren egoitzak, hiriko zabalkuntza gune berrian. Ezkerrean, Galtzada Nagusian zegoen antzinako Bilboko Bankuaren korintiar zutabeen irudia. Eskuinean, Santander Bankua, eta atzealdean, antzinako Bizkaiko Bankuaren aurrealdea. Beirazko etxe orratz hori 1903ko jatorrizko egoitzaren lursailean eraiki eta 1969an inauguratu zuten.

Bilbao's economic growth brought with it the appearance and consolidation of banks and savings banks that set up their headquarters in the noble buildings of Abando, the city's new district. Left: a close up of the Corinthian columns of the former Banco de Bilbao standing on the Gran Vía. Right: a photo showing the Banco de Santander and in the background the facade of the former Banco Vizcaya, glazed skyscraper completed in 1969 and standing on the site of bank's original headquarters, which dated back to 1903.

A la izquierda, fachada esquinera y torre de una elegante vivienda del Ensanche de Abando, donde se instalaron las familias adineradas de Bilbao desde finales del siglo XIX. En la foto derecha superior, vista de los jardines de Albia con la iglesia de San Vicente de Abando al fondo. Debajo, imagen de la plaza Pedro Eguillor, que lleva el nombre de un ilustre abogado bilbaíno.

XIX. mende amaieratik, Bilboko familia dirudunak kokatu ziren Abandoko zabalgunean. Ezkerrean, hango etxebizitza dotore baten ertzeko aurrealdea eta dorrea. Eskuinean, goian, Albiako lorategien ikuspegia eta Abandoko San Vicente eliza, atzealdean. Behean, Pedro Eguillor plazaren irudia; bilbotar abokatu ezagun baten izena darama.

Left: the corner facade and side of a noble house in Abando, which from the end of the 19th century onwards became a residential area for Bilbao's wealthiest families. The top right photo shows the Albia Gardens with the Church of San Vicente de Abando in the background. Below: a photo of Plaza Pedro Eguillor, named after one of Bilbao's most distinguished lawyers.

ensanche de abando **abandoko zabalgunea** abando district

El Ensanche de Abando es una zona económicamente activa que concentra un gran número de tiendas, centros comerciales, hoteles y otro tipo de establecimientos que atraen diariamente a personas que se acercan hasta sus calles con la intención de comprar, alojarse o simplemente pasear. Las grandes marcas comerciales no han querido perder la posibilidad de situar sus escaparates en las principales calles bilbaínas.

Abandoko zabalgunea gune aktiboa da ekonomiari dagokionez: denda, merkataritza gune, hotel eta beste mota batzuetako saltokiek egunero erakartzen dute jendea eta erostera, ostatu hartzera edo, besterik gabe, paseatzera joaten dira bertara. Merkataritza marka garrantzitsuenek ez dute beren dendak Bilboko kale nagusietan jartzeko aukera galdu nahi izan.

Abando is a bustling commercial hub that centres a large number of stores, shopping malls, hotels and other businesses. Every day, large numbers of people flock to this area to shop, stay at one of the many hotels or simply enjoy a stroll around its streets. All the leading retail names were anxious to secure a place in which to showcase their products in one of Bilbao's prime locations.

Vista de la plaza Federico Moyúa, cuyo nombre homenajea a un alcalde de Bilbao. A la derecha de la imagen aparece el edificio del Gobierno Civil, ubicado en el antiguo palacio de Víctor Chávarri que fue diseñado por el arquitecto belga Paul Hankar con influencias neo-flamencas.

Federico Moyua plazaren irudia; Bilboko alkate baten omenez du izen hori. Irudiaren eskuinean, Gobernu Zibilaren eraikina ageri da: Paul Hankar belgikar arkitektoak eragin neo-flandestarrak erabilita diseinatu zuen antzinako Victor Chavarri jauregia.

A view of Plaza Federico Moyúa, named after one of Bilbao's mayors. On the right of the photo we can see the Civil Government headquarters, situated in the former Víctor Chávarri Palace, designed by the Belgian architect Paul Hankar and inspired by the Neo-Flemish style.

Otra panorámica de la plaza Federico Moyúa. A la izquierda de la foto, el Hotel Carlton, obra del arquitecto bilbaíno Manuel María Smith e Ibarra, y donde además de numerosos famosos, el Gobierno Vasco se instaló durante la Guerra Civil.

Federiko Moyua plazaren beste ikuspegi bat. Argazkiaren ezkerraldean, Carlton hotela. Manuel Maria Smith e Ibarra bilbotar arkitektoaren eraikin honetan, jende ospetsu asko ez ezik, Eusko Jaurlaritza ere jarri zen gerra zibilean.

Another panoramic view of Plaza Federico Moyúa. The left of the photo shows the Carlton Hotel, built by Bilbao-born architect Manuel María Smith e Ibarra. In addition to its many famous guests, this hotel was also the headquarters of the Basque Government during the Spanish Civil War.

En el número 34 de Alameda Recalde se encuentra la casa Montero, declarada Monumento Histórico-Artístico y llamada así por el apellido de su promotor, Pedro Montero, aunque también se la conoce como casa Gaudí por el parecido que tiene con obras de este artista. Construida a inicios del siglo XX está considerada uno de los ejemplos más bellos del arte modernista en Bilbao. Su rica fachada se caracteriza por una profusa ornamentación y por unos balcones de formas curvas que otorgan al edificio líneas dinámicas.

Recalde zumarkaleko 34. zenbakian Montero etxea dago. Historia eta arte monumentu izendatu zuten etxeak bere sustatzaile Pedro Monterori zor dio izena, baina, Gaudiren lanen antza duenez, Gaudi etxea izenez ere ezaguna da. XX. mende hasieran eraiki zuten eta Bilboko arte modernistaren adibide ederrenetakotzat jotzen da. Bere aurrealde aberatsaren ezaugarri dira apaingarri ugariak eta eraikinari diseinu dinamikoa ematen dioten forma okerreko balkoiak.

34 Alameda Recalde is the site of Casa Montero, declared a Historic and Artistic Monument and named after its developer Pedro Montero, although it is also known as Casa Gaudí due to the similarities it shares with works by this artist. Built in the early 20th century, it is considered to be one of the finest examples of Modernist art in Bilbao. Its elaborate facade features a wealth of decorative elements and curved balconies which confer a sense of movement to the entire building.

JADO
PLAZA

En la doble página anterior, casa de la plaza Jado construida por Gregorio Ibarreche en 1929.
En la página actual, el centenario parque de Casilda Iturrizar adonde todos los bilbaínos alguna vez han acudido a pasear y a degustar los tradicionales barquillos que se venden en los alrededores del estanque lleno de patos. Es una obra de estilo romántico que ha ido evolucionando para dar respuesta a las nuevas demandas y gustos de la población con infraestructuras como canchas de deporte, columpios y fuente cibernética.

Aurreko bi orrialdeetan, 1929an Gregorio Ibarretxek Jado plazan eraiki zuen etxea.
Orrialde honetan, ehun urtetik gorako Casilda Iturrizar parkea. Inoiz edo behin, bilbotar oro joan da bertara, paseatzera eta ahatez betetako urmaelaren inguruan saltzen diren barkillo tradizionalak dastatzera. Estilo erromantikoko lan hau herritarren eskaera eta gustuei erantzuteko aldatu eta azpiegitura berriz hornitu dute: kirol kantxak, kulunkak, eta baita iturri zibernetikoa ere.

The previous double page shows a building on Plaza Jado, built by Gregorio Ibarreche in 1929.
This page: the hundred year old Casilda Iturrizar Park is a popular spot with the city's residents, who flock there to enjoy a stroll or taste the traditional wafers on sale in the stands close to the duck pond. Over the years, this Romantic style park has been altered to meet changing demands and tastes, and infrastructures such as sports fields, swings and the «cyber fountain», a spectacle of light and sound.

ensanche de abando **abandoko zabalgunea** abando district

El parque de Casilda Iturrizar, llamado inicialmente parque del Ensanche, toma su nombre actual de una de las grandes benefactoras de la villa que destinó grandes sumas de dinero a fines benéficos, religiosos y culturales. A la derecha, las escaleras que se encaminan hasta la pérgola del parque, convertida ocasionalmente en escenario de diversas actuaciones y en cuyo espacio interior se instaló en 1991 la que entonces se consideró la mayor fuente cibernética de España que combina figuras de agua y luz mediante un sistema de ordenador.

Casilda Iturrizar parkeak, hasieran Zabalguneko parkea deituak, hiriko ongile garrantzitsu bati zor dio izena. Emakume hark diru kopuru handiak eman zizkien ongintza, erlijioa eta kultura helburu zituzten ekintzei. Eskuinean, parkeko pergolarako eskailerak; pergola hori hainbat emanaldiren eszenatokia izaten da, eta haren barruan Espainiako iturri zibernetiko handiena jarri zen 1991n. Iturriak urezko eta argizko irudiak nahasten ditu ordenagailu sistema baten bidez.

Casilda Iturrizar Park, originally known as Ensanche Park, is named after one of the city's principal benefactors, who donated large sums of money to charitable, religious and cultural causes. On the right, the steps leading to the park's pergola, an occasional venue for a range of performances and which since 1991 has housed what was at the time considered to be Spain's largest cyber fountain, featuring computerised figures of water and light.

Abajo, la plaza de Indautxu que, tras una reciente renovación, ha pasado a ser totalmente peatonal lo que la ha transformado en un lugar concurrido por familias con niños. A la derecha, detalle de fachadas de viviendas del Ensanche perfectamente decoradas y conservadas.

Goian, Indautxu plaza. Orain gutxi egindako berrikuntzaren ondorioz, oinezkoentzako gune bihurtu da, oso-osorik, eta familia asko erakarri ditu horrek. Eskuinean, Zabalguneko etxebizitza batzuen aurrealdeen irudiak: ezin hobeto apainduak eta zainduak daude.

Left: Plaza Indautxu. Recently reformed, this is now a pedestrian square, and has become a meeting point for families and their children. Above: a close up of the impeccably conserved decorated facades of the Abando district.

ensanche de abando **abandoko zabalgunea** abando district

Las élites sociales y económicas emergentes de Bilbao querían salir del Casco Viejo, densamente poblado, en busca de parajes más amplios, sanos y lujosos. Por eso, gran parte de la burguesía y familias ricas instaladas en la parte antigua de la villa se trasladó a vivir al Ensanche de Abando donde los arquitectos de moda de la época construyeron bellas mansiones y edificios de viviendas. En la imagen, detalle de la fachada de casas señoriales construidas en la calle Alameda de Mazarredo.

Bilbon sortzen ari ziren elite sozial eta ekonomikoek jendez betetako Alde Zaharra utzi eta leku zabalagoak, osasuntsuagoak eta luxuzkoagoak nahi zituzten. Horregatik, Alde Zaharreko familia burges eta aberats gehienak Abandoko zabalgunera joan ziren bizitzera, eta garai hartan modan zeuden arkitektoek egoitza handi eta dotoreak, eta etxebizitza eraikinak egin zituzten bertan. Irudian, Mazarredo Zumarkaleko jauretxeen aurrealdeak.

The wealthy and upper classes of Bilbao were anxious to leave the densely populated Old Quarter and move into more spacious, luxurious and healthier surroundings. As a result, most of the bourgeoisie and the rich living in the city's historic district opted to move to the Abando district where the leading architects of the day were building splendid mansions and apartment blocks. The photo shows a close up of the facade of the noble mansions built on Alameda de Mazarredo Street.

LA RÍA Y SUS PUENTES
ITSASADARRA ETA ZUBIAK
THE TIDAL ESTUARY AND ITS BRIDGES

Se podría pensar que la ría separa la ciudad, que su presencia supone un obstáculo para la comunicación y el logro de una identidad única de Bilbao. Sin embargo, produce el efecto contrario actuando como eje vertebrador y siendo un elemento indispensable para entender la verdadera naturaleza de la villa. Abajo, el puente del Ayuntamiento. A la derecha, vista de la ría desde el puente del Arenal.

Itsasadarrak hiria banantzen duela pentsa genezake, komunikazioa oztopatzen eta Bilbok nortasun bakarra izatea eragozten duela. Bere eragina guztiz kontrakoa da, ordea: hiriaren bizkarrezurra da eta Bilboren historia ulertzeko ezinbesteko elementua. Goian, Udaletxeko zubia. Eskuinean, itsasadarraren ikuspegia Areatzako zubitik.

We could be forgiven for thinking that the tidal estuary divides the city, and that its presence hinders communication and the creation of a single identity for Bilbao. Yet we could not be more wrong. Instead, it acts as a point of union and a key element in understanding the true nature of this city. Left: Ayuntamiento Bridge. Above: a view of the tidal estuary seen from Arenal Bridge.

Durante el periodo de desarrollo industrial en los márgenes de la ría se encontraban embarcaciones atracadas que cargaban o descargaban material y grúas y vagonetas que ayudaban en el transporte de las mercancías. Ahora, ya desaparecida esa actividad industrial, esos márgenes han sido recuperados mediante paseos jalonados por árboles que permiten un mayor disfrute de la ciudad y de la propia ría.

Industria garapenaren garaian materiala kargatzen edo deskargatzen zuten itsasontziak egoten ziren itsasadarraren ertzetan, baita salgaiak garraiatzen zituzten garabi eta bagonetak ere. Gaur egun ez dago halako industria jarduerarik, eta itsasadarraren aldeak berritu egin dituzte. Hiriaz eta itsasadarraz gozatzeko, zuhaitzez jositako pasealekuak egin dituzte bertan.

During the age of industrial development, the banks of the estuary would be lined with vessels loading or unloading goods, as well as the cranes and wagons that would transport the merchandise. This industrial activity has now ceased, and the banks have been restored with tree-lined promenades that provide visitors and residents alike with new opportunities to enjoy the city and its estuary.

Desde sus orígenes Bilbao ha convivido con la ría y la ha abrazado y envuelto con los diversos puentes que se han ido construyendo para salvar el espacio acuoso y unir ambos márgenes. La ría, con sus impetuosos «aguaduchos» o inundaciones, se encargaba de derribar alguno de esos puentes, que los ciudadanos con su indiscutible tesón se empeñaban en volver a levantar. En la foto, el puente de Zubizuri.

Bilbo eta bere itsasadarra sorreratik bizi izan dira elkarrekin, eta hiriak bi aldeak lotzeko eraikitako zubiekin besarkatu eta bildu du. Itsasadarrak berak suntsitzen zituen zubi haietako batzuk bere uholde bortitzekin, eta herritarrek berriz eraikitzen zituzten adore ukaezinaz. Argazkian, Zubizuri zubia.

Ever since its early days, Bilbao has been inextricably linked to its estuary. Forming an integral part of the city, the two banks are joined by a number of bridges. Unexpected flash floods have, on occasion, swept away some of these bridges, but the people of Bilbao merely summoned up their innate tenacity and perseverance and got on with the job of rebuilding them. The photo shows Zubizuri Bridge.

la ría y sus puentes **itsasadarra eta zubiak** the tidal estuary and its bridges

Según se regeneran y recuperan zonas de Bilbao y aumentan las necesidades de comunicación nuevos puentes se diseñan y construyen, tales como el puente Zubizuri (a la izquierda) que significa «puente blanco» por el níveo color de la pasarela, aunque popularmente se le llama puente de Calatrava por el apellido de su autor, Santiago de Calatrava. O el puente Pedro Arrupe de José Antonio Fernández Ordóñez (a la derecha) frente a la Universidad de Deusto, que sirve para unir este centro universitario con su nueva biblioteca ubicada en los terrenos de Abandoibarra.

Bilboko guneak berritzen eta lehengoratzen dituzten heinean, eta komunikazio behar berriak sortzen diren heinean, zubi berriak diseinatzen eta eraikitzen dituzte, hala nola Zubizuri zubia (ezkerrean). «Zubi zuria» izena igarobidearen elur koloreari zor dio, baina jendeak Calatrava zubia esaten dio, zubiaren egile Santiago de Calatravaren abizenagatik. Pedro Arrupe zubia ere berria da (eskuinean). Jose Antonio Fernandez Ordoñezek eraikia, Deustuko Unibertsitatearen parean dago eta unibertsitatea eta Abandoibarran egin berri duten liburutegia lotzea du helburu.

The regeneration and recovery of various areas of Bilbao have resulted in new communication needs and the design and construction of new bridges. An example of these is Zubizuri Bridge (left). Zubizuri means white, and the name comes from the snow white colour of the walkway, although locally it is known as Calatrava Bridge, after the architect that designed it, Santiago de Calatrava. Pedro Arrupe Bridge (right) is another of these new bridges. Designed by José Antonio Fernández Ordoñez, it faces Deusto University and links the schools and faculties with the new university library in Abandoibarra.

Al fondo el puente de los Príncipes de España, de 1972, que todo el mundo conoce como el «puente de La Salve» porque desde ese punto los marineros rezaban una salve a la *amatxu* de Begoña al ser el primer lugar desde el que veían su basílica entrando a Bilbao por la ría.

Atzealdean, 1972ko Espainiako Printzeen zubia; guztiek «Salbearen zubi» izenez ezagutzen dute, izan ere, itsasadarrean gora Bilbora sartzean, Begoñako basilika handik ikusten zutenez, bertan salbe bat otoitz egiten zioten marinelek amatxuari.

In the background we can see the 1972 Príncipes de España Bridge, known locally as Puente de la Salve or «Bridge of Prayers», as it was from here that seamen would pray to the *amatxu* Begoña on catching their first glimpse of the Basilica as they sailed up the tidal estuary to Bilbao.

Arriba, y en primer plano, el puente de Deusto, inaugurado en 1936 para unir los terrenos de las anteiglesias anexionadas de Abando y Deusto, pero volado seis meses más tarde durante la Guerra Civil junto con otros puentes de la villa. A la derecha, el puente de Euskalduna de 1997, que toma el nombre de los famosos astilleros de Euskalduna, ubicados en la zona y fundados por la familia Sota.

Behean, beste bi belaunalditako zubiak: aurrean, 1936ko Deustuko zubiaren arkuaren lehen planoa; atzealdean, 1997ko Euskalduna zubia. Eskuinean, garai batean itsasadarraren alde bietan porturatzen ziren itsasontziak amarratzeko erabiltzen ziren zirgiloetako bat. Hiria hornitzea edo mineral tonak esportatzea helburu zuen merkataritzaren lekuko izan ziren.

Left, in the foreground, Deusto Bridge, opened in 1936 to link the annexed parishes of Abando and Deusto, although it was blown up just six months later along with other bridges in the city during the Civil War. Above: the 1997 Euskalduna Bridge, named after the famous Euskalduna shipyards which stood in this area and were founded by the Sota family.

Debajo, el puente móvil de Deusto, dotado de un sistema de elevación de sus hojas con el fin de permitir el paso de las embarcaciones que introducían mercaderías que aprovisionaban a la villa o que daban salida a toneladas de mineral exportado. En la actualidad, el puente solo se abre en ocasiones especiales. A la derecha, zona de carga marítima que todavía existe y, en la foto inferior, la grúa Carola, con nombre femenino en honor de la bella mujer que cruzaba en bote la ría para delicia de todos los trabajadores de los astilleros de Euskalduna.

Goian, Deustuko zubi mugikorra. Ireki egiten da, itsasontziak pasatu ahal izateko. Garai batean, hiribildua hornitzeko salgaiak zekartzaten edo esportatu beharreko minerala zeramaten itsasontziak igarotzeko irekitzen zuten. Gaur egun, egoera berezietan bakarrik gertatzen da hori. Eskuinean, itsasontziak kargatzeko gunea, eta beheko argazkian, Carola garabia. Izen bereko emakume eder batek txalupaz gurutzatzen zuen itsasadarra, Euskalduna ontziolako langileen gozamenerako.

Above: Deusto Bascule Bridge, equipped with a double leaf double leaf system that could be raised to allow the vessels shipping supplies to the city to pass through. Today it is only raised on special occasions. Right: the remaining loading docks and below, the Carola Crane, named after a woman renowned for her beauty that regularly crossed the estuary by boat, to the delight of the workers at the Euskalduna shipyards.

la ría y sus puentes **itsasadarra eta zubiak** the tidal estuary and its bridges

Por la ría no sólo entran los barcos sino también los aires del mar y el olor a salitre. Un paseo por sus orillas nos acerca a la costa, nos adentra más al norte. El mobiliario urbano se resiente y daña con la humedad marina y la ciudad hace un esfuerzo constante para que las barandillas de seguridad, barandas de los puentes y otros elementos auxiliares luzcan con el porte elegante que les corresponde.

Itsasontziak ez ezik, itsasoko aireak eta kresal usaina ere iristen dira itsasadarretik. Urertzetako pasealekuek kostarantz garamatzate, iparralderantz. Hezetasunak hondatu egiten ditu hiri altzariak, eta segurtasun eskudelak, zubietako barandak eta beste elementu osagarri batzuk merezi bezain dotore egon daitezen, etengabeko ahaleginak egiten ditu hiriak.

In addition to the many vessels that enter the tidal estuary, the entire area is filled with the aroma of the sea and salty breezes. A stroll downriver will take us further north, towards the coast. The damp sea air eats away at the urban furniture, but the city takes pride in ensuring that the safety handrails, bridge railings and other elements are kept in the tip-top condition they deserve and always look their best.

EL NUEVO BILBAO
BILBO BERRIA
NEW BILBAO

el nuevo bilbao **bilbo berria** new bilbao

Un nuevo Bilbao está surgiendo. Zonas industriales transformadas en zonas de ocio, espacios degradados convertidos en los nuevos emblemas de la ciudad. A la izquierda, dos grandes torres: uno de los dos bloques acristalados de viviendas del arquitecto japonés Arata Isosaki y la Torre Iberdrola, edificio de oficinas diseñado por Cesar Pelli que, con sus 165 metros de altura, se ha convertido en el edificio más alto del País Vasco y en el icono empresarial de Bilbao. A la derecha, el paseo de Uribitarte, donde los paseantes y ciclistas han sustituido a los cargadores y estibadores.

Bilbo berria ari da sortzen. Industria gune zirenak aisialdirako gune bilakatu dira, eta andeatuta zeudenak hiriko ikur berriak dira orain. Ezkerrean, bi dorre handi: Arata Isosaki japoniar arkitektoak egindako bi etxebizitza bloke beiradunetako bat, eta Iberdrola Dorrea, Cesar Pellik diseinatutako bulego eraikina. Azken horrek 165 metroko garaiera du, eta Euskal Herriko eraikin altuena ez ezik, Bilboko enpresa arloaren ikonoa ere bada. Eskuinean, Uribitarte pasealekua; bertan, ibiltariek eta txirrindulariek lekua hartu diete soinkariei eta zamaketariei.

A new Bilbao is emerging. Industrial zones have been transformed into leisure areas, and degraded spaces converted into the city's new landmarks. Left, two large towers: one of the large glass-fronted blocks of flats designed by the Japanese architect Arata Isozaki and Torre Iberdrola, an office block designed by Cesar Pelli. Standing 165 metres high, today this is the Basque Country's tallest building and a flagship of Bilbao's business activity. Right: Paseo de Uribitarte, a promenade where walkers and cyclists have taken the place of the dock workers.

La ría, como columna vertebral de la ciudad, tampoco ha escapado a los nuevos proyectos de regeneración que afectan a todo Bilbao. La que hace décadas recogía las aguas sucias de un mal saneamiento ahora se ha convertido en una vía fluvial limpia flanqueada por agradables paseos, esculturas y extraordinarios edificios como los de estas imágenes.

Itsasadarra hiriaren bizkarrezurra denez, Bilbo osoa aldatzen ari diren lehengoratze proiektuek hura ere berritu dute. Itsasadarrak saneamendu kaxkarrak sortutako ur zikinak jasotzen zituen orain hamarkada batzuk, baina orain garbia dago, eta haren inguruan pasealeku atseginak, eskulturak eta eraikin bikainak daude, argazki hauetan ikus dezakegun moduan.

The tidal estuary, the authentic backbone of the city, has also been included in the regeneration projects that have benefited the whole of Bilbao. Decades ago, the estuary was used to deposit wastewater from an inadequate sewage system, yet today it is a clean river flanked by delightful promenades, sculptures and magnificent buildings such as those shown here.

En páginas anteriores, dos imágenes del museo Guggenheim, el Hotel Sheraton y el tranvía a su paso por Abandoibarra.
A nuevos espacios, nuevas actividades. La población y los visitantes se adaptan a la moderna situación. Las fuentes frente al Guggenheim ofertan la posibilidad de un chapuzón urbano y los vanguardistas edificios construidos en los últimos años se convierten en inspiración y perfectos modelos de jóvenes pintores.

Aurreko orrialdeetan: Guggenheim Museoaren bi irudi, Sheraton hotela eta tranbia Abandoibarran. Gune berrietan, jarduera berriak. Biztanleak eta bisitariak egungo egoerara moldatzen dira. Guggenheim aurreko iturriek hirian murgil egiteko aukera eskaintzen dute, eta azken urteetan eraiki diren abangoardiako eraikinak margolari gazteen inspirazio eta eredu ezin hobeak dira.

Previous pages, two photographs of the Guggenheim Museum, the Sheraton Hotel and the tram as it goes through Abandoibarra.
New spaces need new activities. Visitors and locals alike are adapting to the modern city. The fountains facing the Guggenheim are ideal for an urban dip and the recently-constructed avant-garde buildings are an ideal source of inspiration and models for young up-and-coming artists.

Enfrente de la avenida de las Universidades se erige el Museo Guggenheim, motor de la transformación de Bilbao que, con su fuerte carisma arquitectónico, ha sabido arrastrar tras de sí todo un proyecto cultural urbano e integral. En su entorno nos encontramos con pasarelas que se asoman por encima de la ría, estanques que despiden llamaradas o arañas de largas patas.

Unibertsitate etorbidearen aurrean dago Guggenheim Museoa, Bilboren aldaketaren eragile nagusia. Bere karisma arkitektoniko indartsuak berekin ekarri du hiri osorako kultura proiektua. Itsasadarraren gainetik ateratzen diren ibiltokiak, sugarrak jaurtitzen dituzten urmaelak edo hanka luzeko armiarmak ikus ditzakegu haren inguruan.

Facing Avenida de las Universidades, the Guggenheim Museum is the driving force behind the transformation of Bilbao. The powerful architecture of this work brought with it an integral cultural project for the city. It stands amidst the walkways that wind their way above the tidal estuary, and pools that extend tongues of fire or elongated spider's legs.

En Bilbao la arquitectura ha entrado en competencia. Las instituciones quieren que sus edificios lleven el sello de prestigiosos arquitectos y éstos, a su vez, presentan los mejores proyectos para dejar su huella. A la izquierda, el edificio que concentra a varias sociedades públicas del Gobierno Vasco en la plaza Bizkaia y, a la derecha, la sede de Osakidetza, edificio acristalado y de formas poliédricas del estudio de arquitectura Coll-Barreu.

Lehiakortasuna Bilboko arkitekturara iritsi da. Eraikinak arkitekto ospetsuek egitea nahi dute erakundeek eta, era berean, arkitektoek proiektu onenak aurkezten dituzte, beren itzala uzteko asmoz. Ezkerrean, Eusko Jaurlaritzako hainbat elkarte publiko hartzen dituen Bizkaia plazako eraikina; eskuinean, Osakidetzaren egoitza, Coll-Barreu arkitekto taldeak eraikitako forma poliedrikoak dituen kristalezko eraikina.

In Bilbao, competition is fierce when it comes to architecture. The various institutions are anxious for their buildings to bear the hallmarks of leading architects, who, in turn, strive to present the very best projects in order to leave their mark on the city's landscape. Left: the building that houses several of the Basque Government's public organisations in Plaza Bizkaia. Right: the Osakidetza headquarters, a glass polyhedral building designed by the Coll-Barreu architecture studio.

En las páginas anteriores: a la izquierda, el nuevo edificio municipal de San Agustín, inaugurado en 2011, y a la derecha, los bloques de viviendas construidos sobre los terrenos de la antigua fábrica municipal de gas. Dos nuevas zonas: Ametzola, ya transformada, y Zorrotzaurre, todavía en fase de proyecto. Abajo, imagen del parque de Ametzola, resultado del cambio de un barrio que ha sustituido sus pabellones industriales por modernas viviendas y zonas verdes. A la derecha, la maqueta del proyecto con el que se quiere regenerar la zona degradada de Zorrotzaurre, que ejemplifica la propuesta de la arquitecta angloiraquí Zaha Hadid.

Aurreko orrialdeetan: ezkerrean, San Agustineko udal eraikin berria, 2011n inauguratua, eta eskuinean, antzinako udal gas fabrikaren lursailetan eraikitako etxebizitza blokeak.
Beste bi gune: Ametzola, dagoeneko lehengoratua, eta Zorrotzaurre, oraindik proiektu fasean. Lerro hauen gainean, Ametzolako parkearen argazkia. Industria pabilioiak zeuden tokian etxebizitza modernoak eta berdeguneak eraikita lortu dute halako emaitza. Eskuinean, Zorrotzaurreko gune andeatua lehengoratzeko proiektuaren maketa; Zaha Hadid angloirakiar arkitektoaren proposamenaren azalpena.

Previous page, left: the new San Agustín municipal centre, opened in 2011; and right, blocks of flats built on the site of the former gas works.
Two new areas: Ametzola, which has already been restored, and Zorrotzaurre, where regeneration work is currently being carried out. Left: a photo of Ametzola Park, the result of the transformation of a district where industrial units have been replaced by modern housing and green spaces. Above: a model showing the plans for the degraded Zorotzaurre district, based on the proposal by the Anglo-Iraqi architect Zaha Hadid.

Sobre la antigua zona minera de Miribilla, donde cientos de trabajadores extraían mineral de hierro por galerías de minas como la de San Luis, se está creando un nuevo barrio con modernas instalaciones, como el Palacio de Deportes Bilbao Arena. A la derecha, la chimenea de un horno de calcinación de mineral que se ha dejado como testigo de una pasada actividad minera.

Miribilla meatzaritza gunea zen antzina, eta ehunka langilek burdingaia ateratzen zuten San Luis eta beste meazulo batzuetatik. Auzo berri bat sortzen ari dira bertan, eta Bilbao Arena Kirol Jauregia eta beste instalazio moderno batzuk eraiki dituzte. Behean, kiskaltze labe baten tximinia, antzinako meatzaritza jardueraren lekukoa.

On the site of the forming mining area of Miribilla, where hundreds of workers would once extract the iron ore from mines such as San Luis, a new district is emerging featuring modern facilities such as the Bilbao Arena Sports Centre. Above: the chimney from an iron ore furnace which remains as a testimony to the area's mining past.

ESCULTURAS

ESKULTURAK

SCULPTURES

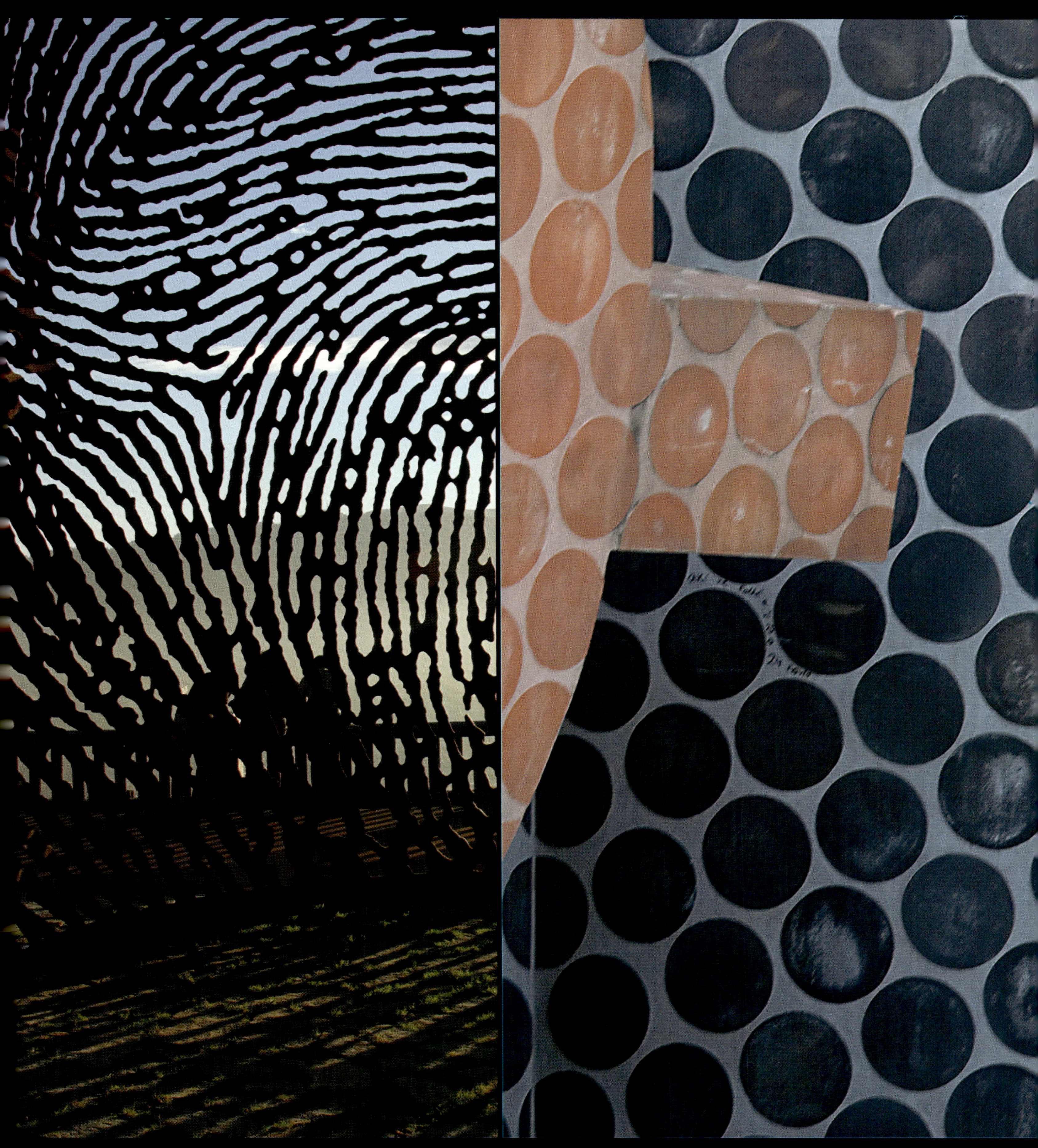

Atrás, y de izquierda a derecha: uno, *Variante Ovoide de la Desocupación de la Esfera*, monumental pieza de Jorge Oteiza, enfrente del Ayuntamiento; dos, la inquietante araña gigante *Mamá* dispuesta a enredarnos en su tela, obra de la artista francesa Louise Bourgeois; tres, una escultura en forma de huella del artista Juanjo Novella que, con ocho toneladas de peso, está colocada en Artxanda para recordar a los defensores de las libertades vascas durante la Guerra Civil; y cuatro, *Sitios y Lugares* de Ángel Garraza, con forma de dos *kaikus*, recipientes usados en el medio rural vasco.
En estas páginas y también de izquierda a derecha: escultura expuesta en el Museo de Bellas Artes; la figura de Mercurio, que corona el edificio de la sede del antiguo Banco de Bilbao; y detalle de una fuente de los jardines de Albia.

Aurreko orrialdeetan, ezkerretik eskuinera: *Variante Ovoide de la Desocupación de la Esfera* (Esferaren Lanik ezaren Aldaera Oboidea), Udaletxe aurrean dagoen Jorge Oteizaren lan izugarria; gu amaraunean harrapatzeko prest dagoen *Maman* (Ama) armiarma erraldoia, Louise Bourgeois frantziar artistaren lana; Juanjo Novellaren oinatz itxurako zortzi tonako eskultura, gerra zibilean euskal askatasunaren alde egin zutenak oroitzeko Artxandan jarri zuten lana; eta Angel Garrazaren *Sitios y Lugares* (Tokiak eta Lekuak) lana, bi kaikuren (euskal landa eremuan erabiltzen ziren ontziak) forma duena.
Orrialde hauetan, ezkerretik eskuinera: Arte Ederren Museoan erakusgai dagoen eskultura bat; antzinako Bilboko Bankuaren eraikinaren goialdean dagoen Merkurioren irudia; eta Albiako lorategietako iturri baten irudia.

Previous page, from left to right: *Variante Ovoide de la Desocupación de la Esfera*, a monumental work by Jorge Oteiza, facing the City Hall; secondly, the disquieting *Mamá*, a vast spider ready to trap us in its web, by the French artist Louise Bourgeois; thirdly, the immense eight ton print-shaped sculpture standing in Artxanda by the artist Juanjo Novella to commemorate the defenders of Basque liberty during the Spanish Civil War; and finally, *Sitios y Lugares* by Ángel Garraza, in the shape of two *kaikus*, utensils traditionally used in the Basque countryside.
On these pages and also from left to right: a sculpture on display in the Fine Arts Museum; the figure of Mercury crowning the building that housed the headquarters of the former Banco de Bilbao; and a close up of a fountain in Albia Gardens.

A la izquierda, el *Monumento a Arriaga*, obra en bronce del escultor Francisco Durrio localizada en el exterior del Museo de Bellas Artes, es un homenaje al músico Juan Crisóstomo de Arriaga y representa a la musa del arte Melpómene que sujeta una lira contra el pecho de cuyas cuerdas brotan lágrimas de pena por la temprana muerte del músico. Durante la época franquista, y ante el escándalo que provocaba su desnudez, Enrique Barrós esculpió una réplica vestida que ahora se encuentra al final del paseo de Uribitarte. En el centro, detalle de una fuente del Arenal. Por último, la escultura *Judith,* del alemán Marcus Lüpertz y ejemplo del lenguaje neo-expresionista que se puede ver en Abandoibarra.

Ezkerrean, Arte Ederren Museoaren kanpoaldeko *Monumento a Arriaga* (Arriagari Monumentua), Francisco Durrioren brontzezko lana, Juan Crisostomo Arriaga musikariaren omenez egina. Melpomene musak lira bat du eskuartean eta haren kordak negarrez ari dira musikariaren heriotza goiztiarragatik. Frankismo garaian musa biluzik agertzeak eskandalua sortu zuenez, Enrique Barrosek jantzia zeraman kopia bat egin zuen; gaur egun Uribitarte pasealekuaren amaieran dago hura. Erdian, Areatzako iturri bateko xehetasuna. Azkenik, Marcus Lupertz alemaniarraren Judith eskultura, neo-espresionismoaren adibidea, Abandoibarran.

Left: *Monumento a Arriaga*, a bronze sculpture by Francisco Durrio standing outside the Fine Arts Museum and a tribute to the musician Juan Crisóstomo de Arriaga. It represents Melpomene, the Greek muse of tragedy, clutching a lyre to her breast from which tears of sorrow are falling due to the musician's untimely death. During the days of Franco, and in the light of the scandal her nudity provoked, Enrique Barrós created a second, dressed version which can now be seen at the far end of Paseo de Uribitarte. close up of a fountain in Arenal area. Finally, *Judith*, a sculpture by the German artist Marcus Lüpertz and an example of the Neo-Expressionist language that can be seen in Abandoibarra.

En esta página la figura de don Diego López de Haro, fundador de la villa de Bilbao, obra del artista Mariano Benlliure Gil y colocada en el centro de la plaza Circular. En la página siguiente y arriba: escultura sedente de bronce de Antonio Trueba y Quintana, escritor, padre de provincia, cronista y archivero del Señorío de Vizcaya que fue realizada por el mismo Mariano Benlliure. Después, la escultura del socialista Ramón Rubial, presidente del Consejo General Vasco, obra de Casto Solano colocada tras el Guggenheim. Abajo, busto del *bertsolari* Balendin Enbeitia del escultor José Borlaff que podemos ver en el Arenal, y una escultura de Manolo Valdés que se expuso temporalmente en la plaza Moyúa.

Orrialde honetan, Bilboko sortzaile on Diego Lopez de Haroren irudia. Mariano Benlliure Gil artistak egin zuen eta plaza Biribilaren erdian dago. Hurrengo orrialdean, goian, artista beraren beste lan bat: idazlea, probintziako aita eta Bizkaiko jaurerriko kronikaria eta artxibozaina izan zen Antonio Trueba eta Quintana eseriaren brontzezko irudia. Ondoren, Eusko Kontseilu Nagusiko lehendakari Ramon Rubial sozialistaren eskultura; Casto Solanok egina, Guggenheimen atzean dago. Behean, Areatzan dagoen Balendin Enbeita bertsolariariaren bustoa, Jose Borlaffena, eta denbora batez Moyua plazan erakusgai egon zen Manolo Valdesen eskultura bat.

This page: a statue of Bilbao's founder, Diego López de Haro, by the artist Mariano Benlliure Gil, standing in the centre of Plaza Circular. Top of the next page: a seated bronze sculpture of Antonio Trueba y Quintana, a writer, father of the province, chronicler of the Lords of Vizcaya, also by Mariano Benlliure. Next: a sculpture of the socialist Ramón Rubial, President of the Basque General Council, the work of Casto Solano that can be seen behind the Guggenheim. Below: a bust of the *bertsolari* [Basque poet] Balendin Enbeitia by the sculptor José Borlaff that can be seen in Arenal, and a sculpture by Manolo Valdés that was temporarily on display in Plaza Moyúa.

SEGUROS
ESTRELLA

Abajo, la escultura *A la deriva,* de José Zugasti, un homenaje a la industria naval y siderúrgica de la zona de Abandoibarra sobre la que se asienta. A la derecha, dos obras colocadas en los exteriores del Museo de Bellas Artes: arriba, la escultura *New Union,* de Richard Serra y, abajo, detalle inferior del monumento al maestro Aureliano Valle, director que fue de la Sociedad Coral de Bilbao.

Behean, Jose Zugastiren A la deriva (Jitoan) eskultura. Abandoibarran dago eta han izandako ontzigintza eta siderurgia omentzen ditu. Eskuinean, Arte Ederren Museoaren kanpoaldean dauden bi lan: goian, Richard Serraren New Union (Batasun Berria) eskultura, eta behean, Bilboko Koral Elkartearen zuzendari Aureliano Valle maisuaren monumentuaren beheko aldearen irudia.

Above: the sculpture entitled *A la deriva* by José Zugasti, a tribute to the Abandoibarra districts' naval and metal industry. Right: two works on display outside the Fine Arts Museum. Above: the sculpture entitled *New Union* by Richard Serra and below: a close up of the base of the monument to maestro Aureliano Valle, a director of Bilbao's Choral Society.

TRANSFORMACIÓN ECONÓMICA
ALDAKETA EKONOMIKOA
ECONOMIC TRANSFORMATION

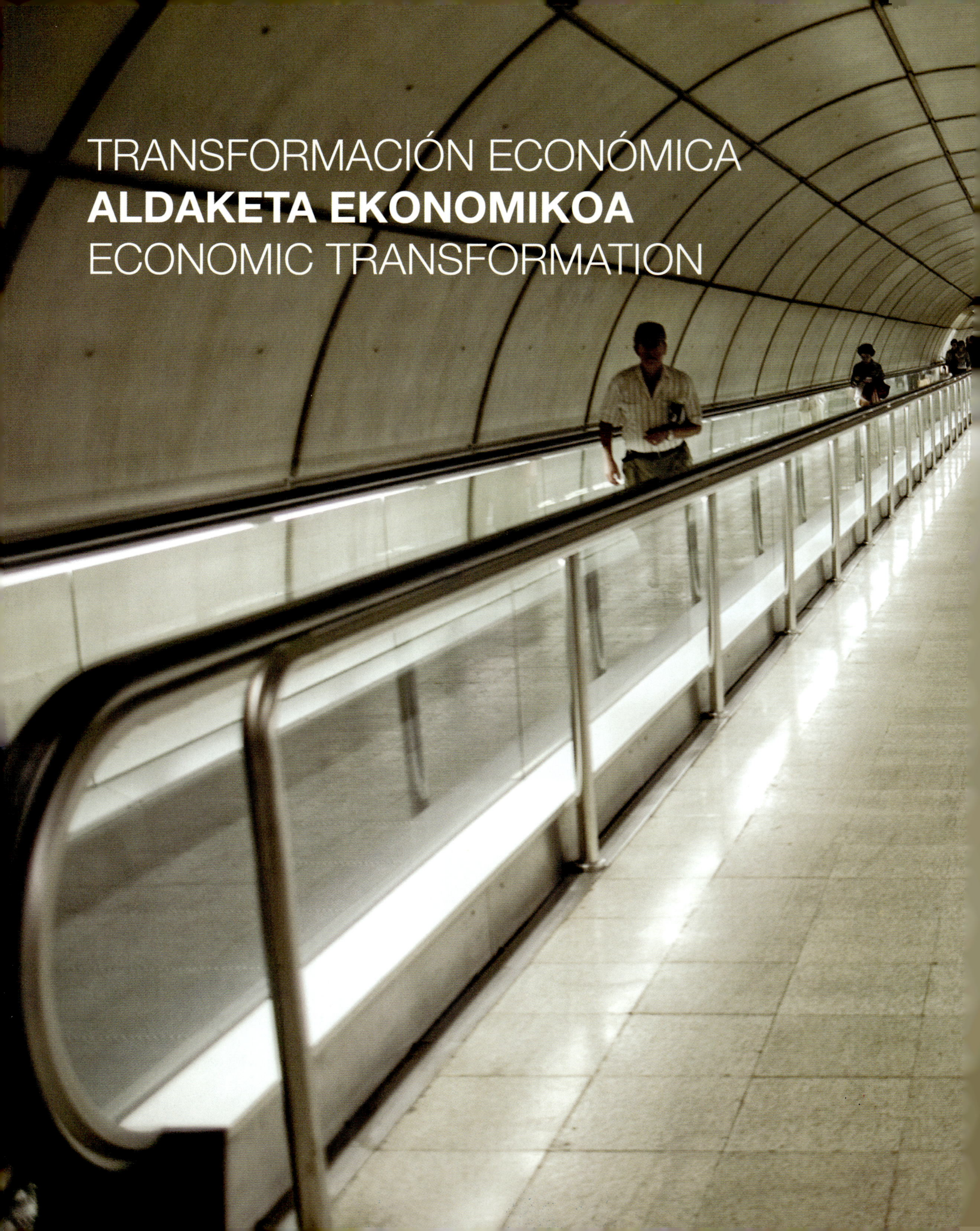

El motor económico de Bilbao ha cambiado y la industria ha dado paso a la cultura. Nuevos elementos están definiendo las directrices económicas y entre ellos el turismo, novedad bienvenida en la villa. Consecuencia del mismo es la construcción de hoteles de diseño de las principales cadenas en los mejores lugares de la ciudad. En estas páginas, y de izquierda a derecha, los hoteles Domine, con una pieza escultórica central de Mariscal, Sheraton y Hesperia del Campo Volantín.

Bilboren ekonomiaren eragilea aldatu egin da eta industriak kulturari utzi dio lekua. Elementu berriek finkatzen dute ekonomiaren ildoa, eta haien artean dago turismoa, hiriak ondo hartu duen berrikuntza. Turismoaren ondorioz eraiki dituzte kate nagusiek diseinuzko hotelak hiriko leku onenetan. Orrialde hauetan, ezkerretik eskuinera: erdian Mariscalen eskultura lan bat duen Domine hotela, Sheraton hotela eta Hesperia hotela, Campo del Volantinen.

Bilbao's economic driving force has changed, with industry giving way to culture. New areas of activity are shaping the city's economic future, such as tourism, a recent sector that the city has welcomed with open arms. The result is the construction of new designer hotels by the major hotel chains in some of the city's prime locations. On these pages, from left to right: the Domine Hotel, with a central sculpture by Mariscal, the Sheraton and the Hesperia on Campo Volantín.

A la derecha, los hoteles Domine y Miró, que han cuidado su estética encargando el primero su diseño a Javier Mariscal y Fernando Salas y, el segundo, a Antonio Miró. Al final, imagen de Zubiarte, uno de los numerosos centros comerciales y tiendas que han abierto en Bilbao. En doble página siguiente, visitantes disfrutando de un juego de luces en el exterior del Museo Guggenheim, icono del nuevo Bilbao y, según opinión de algunos, verdadero impulsor de su transformación.

Eskuinean, Domine eta Miro hotelak. Javier Mariscalen eta Fernando Salasen kargu egon da lehenengoaren diseinua, eta Antonio Miroren kargu bigarrenarena. Azkenik, Zubiarteren irudia. Bilbon ireki diren merkataritza gune eta denda ugarietako bat da hura. Hurrengo bi orrialdeetan: bisitariak argi joko bat ikusten Guggenheim Museoaren kanpoaldean. Museoa Bilbo berriaren ikurra da eta, batzuen ustez, hiriaren eraldaketaren eragile nagusia izan da.

Right: the impeccable and eye-catching Domine and Miró hotels; the former was designed by Javier Mariscal and Fernando Salas and the latter by Antonio Miró. Lastly, a photo of Zubiarte, one of the many shopping malls and high street stores that have opened in Bilbao. The next two pages show visitors enjoying a light show outside the Guggenheim Museum, the icon of the new Bilbao, and, in the opinion of some, the true catalyst behind the city's transformation.

MIRÓHOTEL
ZARA
ZARA

En estas páginas dos medios de transporte: arriba, el querido funicular que comenzó su andadura en 1915 y que une la urbe de Bilbao con el área de esparcimiento que existe en el monte Artxanda. Y, a la derecha, el tranvía, transporte recientemente recuperado que, con su aspecto de oruga verde, nada se parece a aquellos tranvías de siglos pasados que circulaban por las calles bilbaínas.

Orrialde hauetan, bi garraiobide: ezkerrean, funikular kutuna, hiria eta Artxanda mendiko atsedenlekua lotzeko 1915ean sortua. Behean, tranbia. Orain gutxi jarri da berriz martxan, eta bere beldar berde itxurarekin, ezer gutxi du ikustekorik aurreko mendeetan Bilboko kaleetan ibiltzen ziren tranbiekin.

These pages: two means of transport. Left: the much-loved funicular has been operating since 1915, linking the city of Bilbao with the recreation area on Mount Artxanda. Above: the tram, a recently reinstated means of transport, although this light railway, reminiscent of a green caterpillar, is far removed from the trams that travelled up and down the streets of Bilbao in earlier centuries.

Sarriko

Las comunicaciones de Bilbao y su entorno se han visto facilitadas y notablemente mejoradas con la llegada del metro inaugurado en 1995. La ampliación de las líneas existentes son buena señal de su uso y acogida. Diseñado por el arquitecto Norman Foster es un metro de estaciones amplias que tienen salida a la calle por los característicos «fosteritos» o bocas de metro con forma de caracol que adoptan ese nombre no oficial de su autor (imagen de la derecha).

1995ean iritsi zen metroa Bilbora, eta hiriko eta inguruko komunikazioak erraztu eta nabarmenki hobetu ditu urte hauetan zehar. Metroaren erabileraren eta onespenaren ondorio da lineak hedatzea. Norman Fosterrek diseinatu zuen metroak geltoki zabalak ditu eta barraskilo itxurako sarbideek «fosterito» izen ez-ofiziala dute, egilearen omenez (eskuineko irudia).

Travel around Bilbao and its surroundings has improved considerably since the arrival of the metro, which was opened in 1995. The extensions to the existing lines are a clear indication of its success and efficiency. Designed by Norman Foster, the stations are spacious and characterised by his signature snail shell-shaped entrances known locally as «fosteritos» (right).

El Palacio de Congresos y de la Música Euskalduna es un centro multifuncional que sirve de plataforma para variadas actividades de naturaleza empresarial, institucional, social y cultural y que en el año 2003 fue nombrado Mejor Centro de Congresos del mundo. El edificio tiene forma de buque en construcción y se sitúa sobre el ya desaparecido Astillero Euskalduna del que toma el nombre.

Euskalduna Kongresu eta Musika Jauregia funtzio anitzeko zentroa da eta hainbat motatako enpresa, erakunde, gizarte eta kultura ekintzen plataforma da. 2003an munduko kongresu zentro onena izendatu zuten. Eraikuntza bidean dagoen ontzi itxura du eta antzina Astillero Euskalduna zegoen lekuan dago; hortik datorkio izena.

The Euskalduna Convention and Concert Hall is a multifunctional venue that acts as a platform for numerous corporate, institutional, social and cultural events, and which in 2003 received the award for the World's Best Convention Venue. The building is reminiscent of a ship under construction and stands on the site of the former Euskalduna Shipyards, from which it takes its name.

CULTURA Y ARTE
KULTURA ETA ARTEA
ART AND CULTURE

Por la Universidad de Deusto, en activo desde finales del siglo XIX, han pasado algunas de las personas más influyentes en la economía de nuestro país, de hecho los primeros graduados en ciencias económicas de España salieron de este centro. Arriba, imagen de su biblioteca con un valioso fondo antiguo y, a la derecha, la nueva biblioteca diseñada por Rafael Moneo en Abandoibarra.

Deustuko Unibertsitatea XIX. mendean sortu zen, eta bertan ikasi dute gure herrialdeko ekonomian itzal handia izan duten pertsona batzuek. Izan ere, ekonomia zientzietan graduatutako Espainia osoko lehen ikasleek bertan ikasi zuten. Ezkerrean, antzinako lanen funts baliotsua duen unibertsitateko liburutegia, eta behean, Rafael Moneok diseinatu duen liburutegi berria, Abandoibarran.

Deusto University, which was founded in the late 19th century, has produced some of the country's leading figures in the world of economics; indeed, Spain's first Economics graduates studied there. Left, a photo of the library, which houses a valuable collection of old books. Above: the new library designed by Rafael Moneo in Abandoibarra.

BILBAO BIZKAIA KUTXA
UPV/EHU

En estas páginas, diversos centros correspondientes al campus de Bizkaia de la Universidad del País Vasco. A pesar de su reciente historia, se ha convertido en una institución que, con una amplia oferta académica y numerosos centros y facultades, ha conseguido elevar la educación superior y promover la producción científica. En las imágenes superiores, la Facultad de Bellas Artes en Leioa y, en las inferiores y de izquierda a derecha, el nuevo Paraninfo diseñado por Álvaro Siza y el hospital de Basurto, donde se forman los estudiantes de Medicina.

Orrialde hauetan, Euskal Herriko Unibertsitateak Bizkaiko Campusean dituen hainbat ikastegi. Haren historia oraintsukoa bada ere, ikasketa eskaintza zabala eta ikastegi nahiz fakultate ugari dituen erakundea da, eta goi mailako ikasketak goratzea eta zientzia ekoizpena sustatzea lortu du. Aurreko orrialdean, goian, Leioako Arte Ederren fakultatea, eta behean, Álvaro Sizak diseinatutako areto nagusia. Orrialde honetan, goian, Bilboko Ingeniaritza Eskola, eta behean, Basurtuko Ospitalea (bertan trebatzen dira medikuntzako ikasleak).

This page: several centres on the Basque Country University's Bizkaia Campus. Although it is still a young university it has a consolidated reputation for offering a wide range of courses and numerous schools and faculties, raising the standards of higher education and boosting scientific production. Above: the Faculty of Fine Arts in Leioa. Below from left to right: the new Auditorium designed by Álvaro Siza and Basurto Hospital, which trains medical students.

El edificio de la antigua alhóndiga municipal, obra de Ricardo Bastida destinada al ser almacén de vino, se ha transformado, de la mano del artista Philippe Starck, en un centro multidisciplinar donde se ofertan actividades culturales y de ocio para toda la ciudadanía y visitantes de la ciudad. En él se puede disfrutar, entre otras cosas, de cuarenta y tres columnas de diferentes inspiraciones situadas en la planta baja, de la lectura de un buen libro en la mediateca o de un refrescante baño en las piscinas del piso superior, al lado de la impresionante terraza que se eleva sobre los tejados del Ensanche.

Antzinako udal alondegiaren eraikina. Ricardo Bastidaren lana ardoa biltzeko erabiltzen zuten. Gaur egun, funtzio anitzeko zentro bilakatu dute, Philippe Starck artistaren eskutik. Bertan, herritar eta bisitari ororentzako jarduerak izaten dira, bai kulturalak bai aisialdikoak. Eraikin horren beheko solairuan, berrogeita hiru zutabe ikusiko ditugu, guztiak desberdinak; mediatekan, liburu on bat irakurri ahalko dugu, eta bainu freskagarri bat hartzeko aukera ere izango dugu, goiko solairuko igerilekuetan, Zabalguneko teilatuen gaineko terraza ikusgarriaren ondoan.

The building that housed the former municipal exchange, the work of Ricardo Bastida, which was used mainly to store wine, has been transformed by artist Philippe Starck into a multipurpose centre offering residents and visitors to the city a wide range of leisure and cultural activities. The ground floor building features forty-three columns of varying inspiration. Users may also spend time reading in the media library or enjoying a swim in the pools on the top floor, next to the magnificent terrace that overlooks the skyline of the Ensanche district.

MVSEO

En estas páginas, diversas imágenes del Museo de Bellas Artes de Bilbao, centro centenario cuya colección se caracteriza por la importancia y variedad de las manifestaciones artísticas a las que pertenecen sus obras, así como por la amplitud cronológica de la misma, que van desde el siglo XII hasta nuestros días. Una gran parte de esta colección procede de generosos legados que los prohombres bilbaínos donaron a la institución.

Orrialde hauetan, Bilboko Arte Ederren Museoaren zenbait argazki. Ehun urtetik gora dituen museoko bildumaren ezaugarriak adierazpen artistikoen garrantzia eta aniztasuna dira, baita artelanen kronologia zabala ere (XII. mendetik gaur egun arte). Bildumako lan asko bilbotar gizon handiek eman zizkioten erakundeari.

This page: several views of Bilbao's Fine Arts Museum, which has been open for over a century and boasts a magnificent and varied collection of works stretching back over a long period, from the 12th century to the current day. Much of this collection comes from generous legacies left to the institution by the great men and women of Bilbao.

En estas páginas, diversos detalles del Museo Guggenheim que se ha convertido en el icono y bandera del Bilbao del siglo XXI. Obra del arquitecto Frank O. Gehry, su fuerza constructiva, sus formas sinuosas y su imponente presencia no dejan indiferente a quienes acuden a visitarlo. Todo el conjunto tiene unos guardianes de excepción: *Puppy*, un perro terrier de doce metros recubierto de flores vivas creado por Jeff Koons, y Mamá, una araña de largas patas obra de la artista Louise Bourgeois.

Orrialde hauetan, XXI. mendeko Bilboren ikur bilakatu den museoaren beste osagai batzuk. Frank O. Gehry arkitektoaren eraikinaren indarrak, bere tolesdurek eta bere handitasunak ez dute inor epel uzten. Zaindari paregabeak ditu inguruak: *Puppy*, Jeff Koonsek sortu zuen hamabi metroko terrier txakurra, lore naturalez egindako estalkia duena, eta Louise Bourgeois artistaren *Maman*, hanka luzeko armiarma.

These pages: other elements from the same museum that has become the principal landmark and flagship of 21st century Bilbao. Designed by the architect Frank O. Gehry, its powerful image, sinuous forms and imposing presence are guaranteed to create an impression on anyone who visits it. The complex also has two outstanding guardians: *Puppy*, a twelve metre high terrier covered in real flowers, the work of Jeff Koons, and *Mamá*, a long-legged spider.

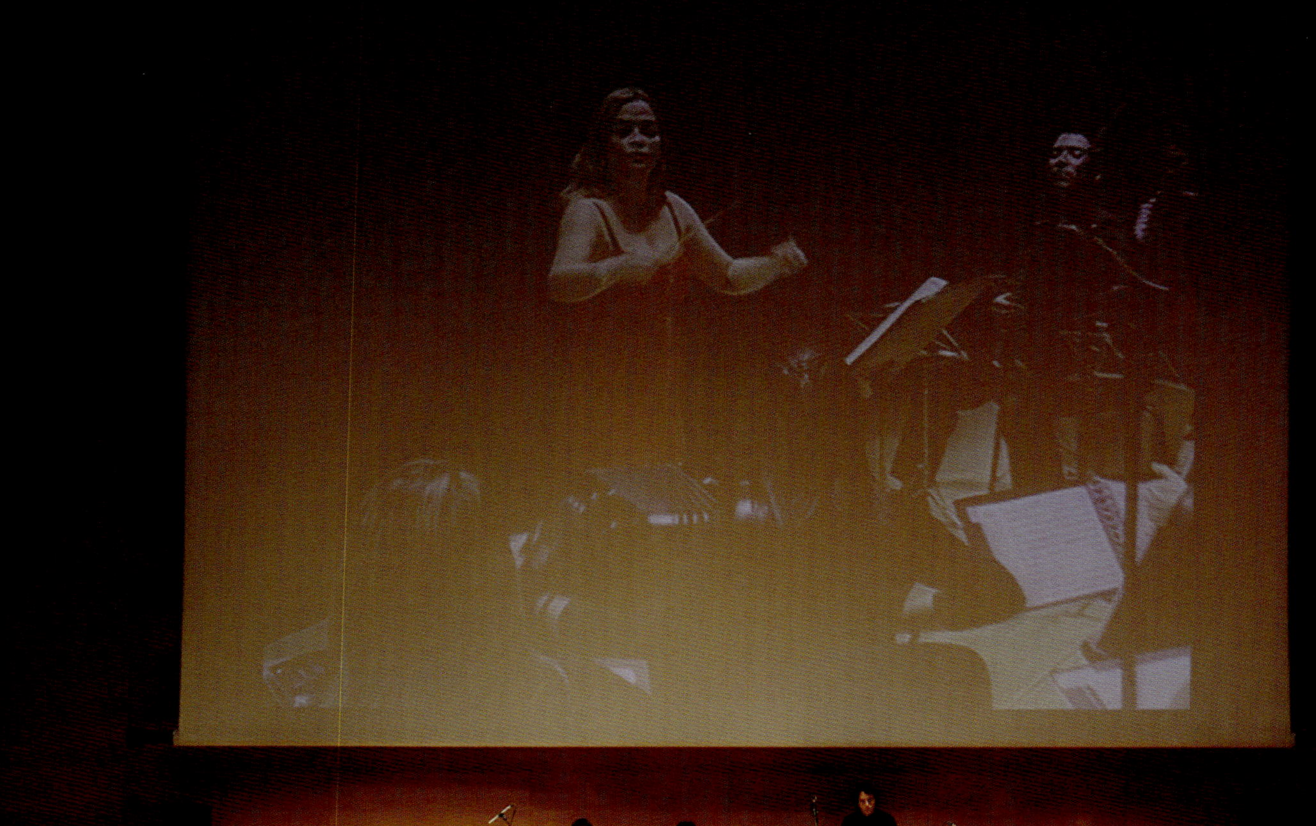

La programación cultural y de ocio de Bilbao se ha multiplicado en los últimos años en la misma medida en que nuevos centros culturales surgían y los ya existentes intensificaban y diversificaban su programación. Arriba, el interior del auditórium del Palacio de Congresos y de la Música Euskalduna.

Azken urteotan, kultura zentro berriak sortu diren heinean, eta aurrekoek jarduera gehiago eta anitzagoak eskaini dituzten heinean, Bilboko kultura eta aisialdi programazioa ugaritu egin da. Behean, Euskalduna Kongresu eta Musika Jauregiko auditoriumaren barrualdea.

Bilbao's cultural and leisure programmes have flourished in recent years, the result of the appearance of new cultural centres and the consolidation and growth of existing ones which have stepped up and added to their programmes. Above: inside the auditorium at the Euskalduna Convention and Concert Hall.

A la izquierda: Bilbao cuenta ya con un nuevo museo, el Museo Arqueológico de Bizkaia, situado en la antigua estación de tren de Lezama dentro del corazón del Casco Viejo. Diseñado por Oneka Arquitectura con fachada de hormigón y alabastro, este nuevo centro museístico permitirá aliviar, y al mismo tiempo complementar la actividad expositora del Museo Etnográfico Vasco del que dista pocos metros. A la derecha, el nuevo edificio de la Biblioteca Foral de Bizkaia, levantada al lado del antiguo en pleno Ensanche de Bilbao. El depósito de libros, de vidrio transparente, permite ver desde la calle los ejemplares que almacena.

Ezkerrean, Bilbon ireki berri den beste museo bat: Bizkaiko Museo Arkeologikoa. Antzinako Lezamako tren geltokian dago, Alde Zaharraren erdi-erdian. Oneka Arkitekturak diseinatutako hormigoizko eta harzurizko aurrealdea duen museoak erakusketa jarduera arintzeko eta osatzeko aukera emango dio ondoan duen Museo Etnografikoari. Eskuinean, Bizkaiko Foru Liburutegiaren eraikin berria; antzinakoaren ondoan eraiki dute, Bilboko Zabalgunearen erdian. Liburu gordailua beira gardenezkoa da eta kaletik ikus daitezke gorderik dauden aleak.

Left: Bilbao boasts a new museum: the Biscay Archaeological Museum, situated in the former Lezama Railways Station in the heart of the Old Quarter. Designed by Oneka Arquitectura and featuring a concrete and alabaster facade, this new museum will act as a complement to the Basque Ethnographic Museum, situated just a few metres away, as well as housing part of its collection. Right: the new building for the Biscay Provincial Library, which stands next to the old library in the heart of Bilbao's Abando district. The transparent glass storeroom allows the collection to be viewed from outside.

FIESTAS Y TRADICIONES
JAIAK ETA OHITURAK
FESTIVALS AND TRADITIONS

CAIXAGALICIA
FARMACIA

A la izquierda, Carnavales: tras máscaras o disfraces los que disfrutan del Carnaval no ponen límite a su desenfreno. A pesar de las frías temperaturas, típicas del mes de febrero en Bilbao, siempre hay quien se viste como bailarinas del gran Carnaval de Brasil.
A la derecha, Semana Santa: y después de los excesos, el rigor de la Semana Santa, que en Bilbao es solemne y austera. Capirotes de diferentes colores, según la cofradía a la que pertenecen, desfilan bajo sones de tambores que anuncian la Pasión de Jesucristo.

Ezkerrean, inauteriak: maskara edo mozorroen atzean ezkutatuta, inauteriez gozatzen dutenek ez diote mugarik jartzen festari. Otsailean hotza egiten duen arren, bada beti Brasilgo inauterietako dantzarien antzera janzten denik.
Eskuinean, Aste Santua: gehiegikerien ondotik dator Bilboko Aste Santu serioaren eta doiaren zorroztasuna. Anaiarteen araberako koloreko txanoa daramatenek Kristoren pasioa iragartzen duten danbor hotsen erritmoan desfilatzen dute.

Left: Carnival time. Three masks and costumes: anything goes at carnival time. Despite the decidedly cool temperatures that characterise February in Bilbao, there are always those daring enough to dress up as Brazilian carnival dancers.
Right: Easter. And following this period of excesses, Easter in Bilbao is both solemn and austere. The multicoloured hoods of the brotherhoods walk in procession to the beating of the drums that announce the Passion of Christ.

La *Aste Nagusia,* o Semana Grande bilbaína, es la gran fiesta de la villa, no sólo por su larga duración de nueve días en agosto sino también por la intensidad con la que se vive. A la izquierda, desfile de gigantes con dulzaineros y los fuegos artificiales nocturnos. A la derecha, Marijaia, una muñeca de amplia sonrisa carmín cuya quema anuncia el final de las fiestas.
En la doble página siguiente, el Gargantúa, ese gigante de madera con hambre voraz siempre dispuesto a comerse a los niños que se le acerquen.

Bilboko Aste Nagusia hiriko festa handia da, abuztuan bederatzi egunez luzatzen delako ez ezik, herritarrek jaia bizitasun osoz gozatzen dutelako. Ezkerrean, erraldoiak eta dultzaineroak, eta gaueko su artifizialak. Eskuinean, Marijaia; kolore gorri biziko irribarre zabala duen panpina erretzearekin batera amaitzen dira jaiak.
Hurrengo bi orrialdeetan, Gargantua, haurrak jateko beti prest dagoen egurrezko erraldoi aseezina.

Aste Nagusia is the name given to the nine days of intense celebrations that make up Bilbao's principal festival, which takes place in August. Left: a parade of giants and flageolet players and the evening firework displays. Right: Marijaia, a broadly-smiling model doll with ruby-red lips that is burnt to mark the end of the festivities.
Next two pages: *Gargantúa*, a wooden giant who is always hungry and ready to gobble up any children who foolishly get too close.

bbk
Bilbao

Bilbao es ciudad de una gran tradición taurina. La plaza de toros de Vista Alegre reúne, sobre todo en las fiestas de agosto, a las principales figuras del toreo.
En las páginas siguientes estampas del *Aste Nagusia*: cabezudo descansando después de golpear a los que le salen al paso con una vejiga seca de ganado vacuno; persona tocando la dulzaina; deporte rural de arrastre de piedra por bueyes; y danzas vascas.

Zezenketek tradizio luzea izan dute Bilbon. Vista Alegre zezen-plazak toreatzaile onenak hartzen ditu, batez ere, abuztuko jaietan.
Hurrengo orrialdeetan, Aste Nagusiko irudiak: buruhandia atsedena hartzen, behi maskuri lehor batez aurrean dituenak jo ostean; dultzainero bat; idi dema; eta euskal dantzak.

Bilbao has a long-standing bullfighting tradition. The Vista Alegre Bullring plays host to the leading bullfighters, especially during the August festival.
Next pages: views of the *Aste Nagusia*: a giant headed figure takes a rest from beating everyone in his path with a dried cow's bladder; a flageolet player; a rural sport consisting of stone dragging by oxen; and traditional Basque dances.

En la celebración de la feria de Santo Tomás fiesta y tradición se unen. Este multitudinario festejo reúne en el Arenal y sus aledaños a gente dispuesta a pasar un buen día viendo el mercado de productos agrícolas y ganaderos y degustando un sabroso *talo* con chorizo acompañado de sidra o chacolí. En esta página, gallos que se venden en el mercado. En la página siguiente: puestos del mercado de Santo Tomás y, abajo, elaboración del *talo,* una típica tortita elaborada con harina de maíz y agua que se consumía en el mundo rural vasco.

San Tomas eguneko ospakizunean jaia eta tradizioa uztartzen dira. Jai jendetsuak nekazaritza eta abeltzaintza produktuen merkatua ikustera, txorizo talo goxoa jatera eta sagardoa edo txakolina dastatzera doan jendea biltzen du Areatzan eta inguruan. Orrialde honetan, merkatuan salgai dauden oilarrak. Hurrengo orrialdean: San Tomas eguneko merkatuko postuak eta, behean, talogileak. Taloak artirinez eta urez egindako opil tipikoak dira, euskal landa eremuan jaten zirenak.

Santo Tomás Fair is a combination of festivities and tradition. This popular festival attracts large crowds to Arenal and the surrounding area, happy to spend an enjoyable day out wandering around the farmers' market and livestock stalls, before taking a break to savour a mouth-watering *talo* with *chorizo,* washed down with cider or *chacolí* –the traditional light wine from the Basque Country. This page: cockerels on sale at the market. Next page: stalls at the Santo Tomás Fair and below, how to prepare *talo*s, traditional pancakes made with water and cornflower, and once a staple part of the diet in rural areas of the Basque Country.

bbk
bbk
bbk

Bilbao es una ciudad donde gusta cantar. La existencia de coros, *otxotes*, concursos de «bilbainadas» o, simplemente, grupos de amigos que entonan canciones en cualquier reunión atestiguan este gusto. A la derecha, uno de los coros que cada 4 de febrero sale a cantar la víspera de Santa Águeda con sus *makilak* o palos largos que usan para golpear el suelo marcando el ritmo que acompaña a la canción.

Bilbon gustuko dute abestea. Atsegin horren lekuko dira abesbatzak, zortzikoteak, «bilbainadak» edo biltzen direnetan abesten duten lagun taldeak. Eskuinean, otsailaren 4an, Santa Ageda bezperan, abesten duten taldeetako bat; makilak erabiltzen dituzte lurrean joz abestiaren erritmoa markatzeko.

Bilbao is a city that loves to sing. Clear proof of this can be found in the many choirs, *otxotes*, bilbainada (a musical genre that sings the praises of Bilbao and the surrounding areas) competitions, or in the numerous groups of friends that grasp any opportunity to burst into song. Right: one of the choirs that sing on the Eve of Santa Águeda with their *makilak* –long sticks that they beat on the ground in time to the music that accompanies their songs.

En esta página: fiesta de San Blas que se celebra cada 3 de febrero con la venta de los tradicionales cordones bendecidos ante la figura del santo. Dice la tradición que si se colocan alrededor del cuello y se queman pasados nueve días se curan los males de garganta. En la página siguiente y arriba, actuación del grupo Oskorri el día de Santo Tomás y, abajo, el *Olentzero*, encargado de traer los regalos en Navidad.

Orrialde honetan: otsailaren 3ko San Blas jaia; santuaren irudiaren aurrean bedeinkatutako lokarriak saltzen dira egun horretan. Ohiturak dioenez, lepoan jarriz gero eta bederatzi egun igarota errez gero, eztarriko minak sendatzen dira. Hurrengo orrialdean, goian, Oskorri taldearen emanaldia San Tomas egunean eta, behean, Olentzero, Gabonetako opariak ekartzen dituen ikazkina.

This page: the Festival of San Blas, which is held on 3 February and includes the sale of traditional cords that have been blessed before the figure of the saint. Tradition has it that if they are tied around the neck, left for nine days and then removed and burned, they will cure all types of throat problems. Next page and above: a performance by the Oskorri group on the Day of Santo Tomás and below: *Olentzero*, who brings gifts at Christmas.

OCIO Y DEPORTES
AISIALDIA ETA KIROLA
SPORTS AND LEISURE

Parte de lo que somos se lo debemos a lo que comemos y bebemos. Esta máxima, llevada por los bilbaínos hasta las últimas consecuencias, hace de la buena mesa un culto. Cualquier celebración o encuentro es una perfecta excusa para degustar una exquisita comida o algunos de los creativos y elaborados pintxos de barra de lo que ya se denomina cocina en miniatura. Los cafés antiguos nos retrotraerán al Bilbao de siglos anteriores bajo los decorados elegantes de esas épocas.

Neurri batean, jaten eta edaten dugunari zor diogu garena. Esaldi hori azken muturreraino eramaten dute bilbotarrek, eta jan-edana gurtu ere egiten dute. Edozein ospakizun edo bilera aitzakia ona da hiriko jatetxeren batean bazkari bikaina dastatzeko, edo dagoeneko miniaturako sukaldaritza izena hartzen duten pintxo berezi eta landuak jateko. Kafetegi zaharrek aurreko mendeetako Bilbora eramango gaituzte, garai haietako dekorazio dotoreei esker.

We are essentially what we eat and drink. This maxim, faithfully adhered to by those born and bred in Bilbao, has turned eating into an art form. Any celebration or gathering is the perfect excuse to savour a succulent meal in one of the city's restaurants, or simply to sample some of the creative and elaborate bar snacks or pintxos, as these miniature culinary masterpieces are known. Classic cafés, featuring the elegant décor of times gone by, take us back to the Bilbao of yesteryear.

Vinos y Licores
Primeras Marcas
VICTOR MONTES
Comestibles
Selectos
8
RESTAURANT DELIKATESSEN

Bares, pubs y discotecas ambientan la noche de la villa. Aunque es el Aste Nagusia el momento en el que se produce la mayor concentración de conciertos ofrecidos, durante todo el año Bilbao está dotada con una programación interesante de actuaciones musicales.
A la izquierda, interior de un antiguo cine que actualmente hace veces de bar, restaurante y sala de actuaciones. A la derecha, locales de moda que ofertan cultura alternativa.

Tabernek, pubek eta dantzatokiek girotzen dute hiria gauez. Aste Nagusiko kontzertu kopurua urteko handiena izan arren, urte osoan izaten dira Bilbon musika emanaldi interesgarriak.
Ezkerrean, antzinako zinema baten barruko aldea; gaur egun, taberna, jatetxea eta ikuskizun aretoa da. Eskuinean, kultura alternatiboa eskaintzen duten modako lokalak.

Bars, pubs and clubs make for an exciting city nightlife. Although the Aste Nagusia is the time when the greatest number of concerts are held, Bilbao offers an intense programme of music all year round.
Left: the interior of a former cinema, which today doubles up as a bar, restaurant and concert venue. Right: trendy spots offering alternative forms of culture.

EL Club
DE LOS
SENTIDOS
COLD BEER

CHACINERIA
TXAR
KUTERIA - TXERRIKITEGIA
Merkatuak
ESPINOSA GAGO
125
CHAMPIÑONES
SETAS
BARRENGORRIAK
PERRETXIKOAK
EMILIO
123

El comprar también tiene su espacio: tiendas, grandes centros comerciales y mercados cubiertos o al aire libre proporcionan una oferta variada al consumo. A la izquierda, el mercado de abastos de La Ribera, en pleno proceso de reforma y renovación. En esta página, mercadillo al aire libre que se celebra los primeros sábados de cada mes en la calle 2 de Mayo como medida de activación regeneradora de la zona Bilbao La Vieja.

Erosteko aukerarik ere bada: dendek, merkataritza gune handiek, eta aterpeko edo kanpoko merkatuek aukera ugari eskaintzen dizkiete kontsumitzaileei. Ezkerrean, Erriberako elikagai azoka; aldaketa eta berrikuntza prozesuan murgilduta dago. Orrialde honetan, hileko lehen larunbatean Maiatzaren Biko kalean egiten den azoka txikia; Bilbo Zaharraren berrikuntza aktibatzea da haren helburua.

Shopping is another of the city's many attractions: stores, large shopping malls and indoor or outdoor markets make up the wide and varied offer. Left: La Ribera food market during restoration and rehabilitation work. This page: the outdoor market held on the first Saturday of the month in 2 de Mayo Street and aimed at contributing to the regeneration of the district known as Bilbao La Vieja.

Los bilbaínos, grandes aficionados al deporte, siguen con fidelidad los avatares de sus equipos preferidos, entre los que destacan el Athletic Club en fútbol y el Bilbao Basket en baloncesto, aunque la pelota vasca y el remo también tienen sus seguidores. No se puede olvidar el gusto por la montaña, nada extraño si se tiene en cuenta la situación geográfica de Bilbao, un *botxo* rodeado de montes. El montañismo se practica en soledad o en grandes grupos, como los que cada diciembre suben al Pagasarri.

Bilbotarrak oso kirolzaleak dira, eta fideltasunez jarraitzen diete beren talde maiteenen gorabeherei. Talde horien artean, Athletic Club futbol taldea eta Bilbao Basket saskibaloi taldea nabarmendu behar dira, baina eskupilotak eta arraunak ere jarraitzaile asko dituzte. Mendizale ugari ere badago, eta ez da harritzekoa, Bilbo mendiz inguratutako *botxoa* dela kontuan hartuta. Bakarka ez ezik, talde handian ere joaten da jendea mendira; urtero, abenduan, taldean igotzen dira Pagasarrira.

The people of Bilbao are well-known for their love of sports, and are staunch supporters of their favourite teams, which include the Athletic Club football and the Bilbao Basket basketball teams, although Basque pelota and rowing are also popular with players and spectators alike. Nor must we forget mountaineering, understandably popular if we consider Bilbao's location, in the heart of a valley or *botxo*, surrounded by mountains. This sport can be practised alone or in large groups, such as those that climb Mount Pagasarri each December.

Gatorade
Desata la euforia
San Miguel
Desata la
30
SONY

EL GRAN BILBAO
BILBO HANDIA
GREATER BILBAO

El Gran Bilbao está compuesto por la urbe de Bilbao y veintiún municipios más dispuestos a ambos lados de la ría.
En páginas anteriores: el puente colgante de Portugalete declarado en 2006 Patrimonio de la Humanidad por la Unesco; el muelle de Arriluce, al lado del moderno puerto deportivo; la playa de Arrigunaga y el paseo marítimo de Las Arenas, estos tres últimos localizados en el municipio de Getxo, zona residencial que surgió como destino de veraneo de las familias adineradas de Bilbao, lo que determinó la construcción de ricas villas y chalés.
Bilbao llega al mar gracias a su área metropolitana. En estas páginas: playa de Ereaga en Getxo, en la margen derecha de la ría, y el puerto de Santurtzi y zona industrial de Sestao, en la margen izquierda más industrializada.

Bilbo Handia Bilboko hiriak eta itsasadarraren bi ertzetako beste hogeita bat udalerrik osatzen dute. Aurreko orrialdeetan: Portugaleteko zubi esekia, UNESCOk 2006an Gizadiaren Ondare izendatu zuena; kirol portu berriaren ondoko Arriluze kaia; Arrigunaga hondartza; eta Areatza itsas pasealekua. Azken hirurak Getxon daude. Bizitegi gune hori Bilboko familia aberatsen uda egoitzatzat sortu zenez, etxe aberatsak eta txaletak eraiki ziren bertan.
Bere metropoli barrutiari esker iristen da itsasora Bilbo. Orrialde hauetan: Getxoko Ereaga hondartza, itsasadarraren eskuinaldean; eta Santurtziko portua, eta Sestaoko industria gunea, ezkerraldean, alde industrializatuagoan.

Greater Bilbao is made up of the city of Bilbao and a further twenty-one municipalities that line both sides of the tidal estuary. Previous pages: the transporter bridge in Portugalete, declared a UNESCO World Heritage Site in 2006; Arriluce Dock, next to the modern marina; Arrigunaga Beach and Las Arenas Sea Promenade.

These last three sites are all situated in the municipality of Getxo, a residential area where the wealthy families of Bilbao used to spend the summer in their magnificent villas and holiday homes.

Bilbao's metropolitan area stretches as far as the coast. These pages: Ereaga Beach in Getxo, on the right-hand bank of the tidal estuary, and Santurtzi Harbour and the Sestao industrial estate, situated on the more industrialised left bank.

Arriba, el aeropuerto de Bilbao situado en el municipio de Loiu y llamado «La Paloma» por la forma de su terminal. Abajo, el parque tecnológico de Zamudio creado en 1985 para promover la diversificación de la industria y la difusión de la tecnología e innovación.

Goian, Bilboko aireportua, Loiun; bere formagatik «Usoa» ezizenez ere ezaguna da. Behean, Zamudioko parke teknologikoa, industriaren aniztasuna eta teknologiaren eta berrikuntzaren hedapena sustatzeko 1985ean sortua.

Above: Bilbao Airport in the municipality of Loiu and known as La Paloma or «dove», due to the shape of its terminal. Below: Zamudio Technology Park, created in 1985 to boost industrial diversification and to promote technology and innovation.

En esta página, dos edificios de Barakaldo: arriba, el Bilbao Exhibition Centre BEC, gran recinto ferial donde se desarrollan ferias, exposiciones y otros eventos; abajo, el parque comercial Megapark, centro donde se dan citas las principales cadenas comerciales.

Orrialde honetan, Barakaldoko bi eraikin: goian, BECa (Bilbao Exhibition Centre); erakustazokak, erakusketak eta beste ospakizun batzuk egiten dira azoka esparru horretan. Behean, merkataritza etxe nagusiak hartzen dituen Megapark merkataritza parkea.

This page: two buildings in Barakaldo. Above: the Bilbao Exhibition Centre BEC, a major venue for trade fairs, exhibitions and other events. Below: the Megapark Shopping Mall, which includes all the major retail chains.

La Arboleda, en el municipio de Trapagaran, era una zona de explotación minera de cuya actividad sólo queda una serie de lagos artificiales formados por la inundación de las antiguas minas. En la actualidad esta zona se está recuperando mediante la promoción turística y actividades de ocio como el campo de golf.

Trapagarango Arboleda meatze ustiapeneko gunea zen, eta gaur egun urak hartu zituen meatzeek osatutako aintzira artifizialak daude bertan. Gune hau lehengoratzeko turismoa sustatzen ari dira, baita aisialdi jarduerak ere, golf zelaia, esaterako.

The only traces that remain of the former mining activity that took place in La Arboleda, in the municipality of Trapagaran, are a number of artificial lakes created following the flooding of the mines. This area is currently undergoing a regeneration process based on providing a series of tourist and leisure facilities, including a golf course.

Índice **Aurkibidea** Index